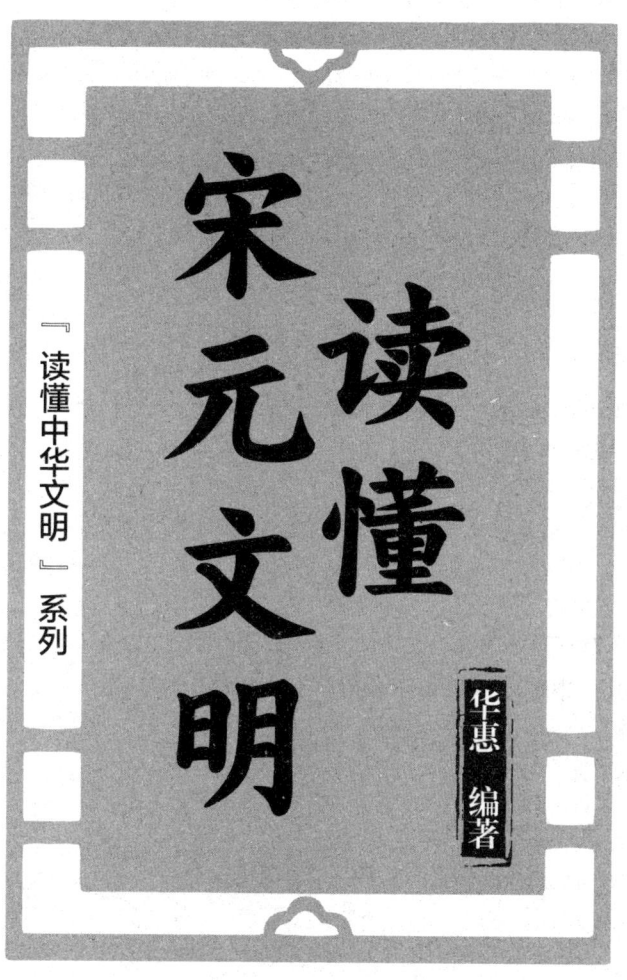

读懂宋元文明

"读懂中华文明"系列

华惠 编著

远方出版社

图书在版编目（CIP）数据

读懂宋元文明 / 华惠编著. -- 呼和浩特：远方出版社，2024.9. --（"读懂中华文明"系列）.
ISBN 978-7-5555-1962-1

Ⅰ．K240.3

中国国家版本馆CIP数据核字第2024ZR2018号

读懂宋元文明
DUDONG SONGYUAN WENMING

编　　著	华　惠
责任编辑	李嘉麟
封面设计	李　玉
版式设计	姚　雪
出版发行	远方出版社
社　　址	呼和浩特市乌兰察布东路666号　邮编 010010
电　　话	（0471）2236473总编室　2236460发行部
经　　销	新华书店
印　　刷	北京洲际印刷有限责任公司
开　　本	710毫米×1000毫米　1/16
字　　数	197千
印　　张	14.875
版　　次	2024年9月第1版
印　　次	2024年9月第1次印刷
标准书号	ISBN 978-7-5555-1962-1
定　　价	66.00元

如发现印装质量问题，请与出版社联系调换

前 言

宋朝（960—1279）是中国历史上经济与文化教育最繁荣的时代之一。在这一时期，科技发展突飞猛进，经济也得到发展。公元960年，后周大将赵匡胤黄袍加身，建立宋朝，定都汴梁（今河南开封）。北宋建立后，结束了五代十国的分裂局面。元朝（1206—1368，1206年以前为大蒙古国）是由孛儿只斤·铁木真于1206年建国，1271年忽必烈定国号为元，定都大都（今北京）。

宋朝对后世的发展具有不可磨灭的贡献。宋朝文化是中国文化历史中的繁盛时期，理学、文学、史学、艺术以及科学技术领域硕果累累，为筛选官员建立的科举考试推进了教育制度的发展，印刷品的广泛流行促进了文学的交流与对艺术的鉴赏，景德镇制瓷业也高度繁荣。

宋代经学完成了由"汉学"向"宋学"的转变，即由章句之学转变为侧重义理之学。宋代也是中国古代科技发展的黄金时期。宋代亦是中国古代史学的鼎盛时期。各种官修史书卷帙浩繁，一些史学新体裁先后创立，地理总志和方志的纂修也十分引人注目。南宋的方志修撰，取得了划时代的进步，明清甚至民国的方志，在规模与体例方面大致未脱其窠臼。

从灿烂的宋元文化可见宋元在整个历史发展过程中的特殊地位。它上承隋唐、下启明清，以自己鲜明的时代特色和独特的风格创造了中华文明史上又一个文化高峰。本书主要介绍宋元时期的文明，向青少年展现了宋元时期的重大科技发明，以及中华民族对人类文明做出的杰出贡献。

辽（907—1125）是契丹族在我国北方建立的一个具有相当规模的政权，它与五代同时开始，又和北宋几乎同时结束。在政治、经济、文化等方面，其深受中原文化的影响。

金（1115—1234）是我国历史上继辽之后的另一个民族政权，它在消灭辽之后，使得宋室南渡，基本统一了北方，长期与南宋政权对峙。

元代的文化艺术和科学技术也有很高的成就。元朝各民族在文学、艺术、史学、哲学等方面创作了许多优秀作品。戏曲艺术在元代有很大的发展。元曲和南戏先后呈现出繁荣局面。元曲是这个时期文学上最突出的成就。元代各民族和中外经济、文化交流的加强，为天文、地理、农学等学科的发展提供了条件。此时的欧洲尚处在"黑暗时代"，而元代的科学水平在当时的世界上居于领先地位。

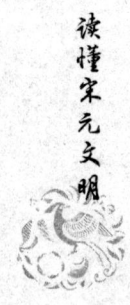

目 录

第一章 飞速发展——宋元的农田水利文明

宋元时期的农田水利工程 …………………………………………… 002

南方土地的充分利用 ………………………………………………… 006

宋元时期的农具 ……………………………………………………… 011

北方旱地农具的改进 ………………………………………………… 013

拔秧移栽——秧马 …………………………………………………… 016

齿轮汲水——翻车 …………………………………………………… 017

丰富多彩的农业文献 ………………………………………………… 020

扩展阅读　犁耕取代锄耕 …………………………………………… 023

第二章 罗盘导航——宋元航海发明与航运技术

指南针的发明 ………………………………………………………… 026

指南针促进航海文明 ………………………………………………… 028

宋元的造船业 ………………………………………………………… 031

牵星术与航海 ………………………………………………………… 033

遥遥领先的航海术 …………………………………………………… 036

宋代的长江航运⋯⋯⋯⋯⋯⋯⋯⋯⋯⋯⋯⋯⋯⋯⋯⋯⋯⋯⋯⋯⋯ 038

元代的漕粮海运⋯⋯⋯⋯⋯⋯⋯⋯⋯⋯⋯⋯⋯⋯⋯⋯⋯⋯⋯⋯⋯ 041

扩展阅读　宋代海外贸易的扩大⋯⋯⋯⋯⋯⋯⋯⋯⋯⋯⋯⋯ 044

第三章　书院遗香——宋元时期的学校教育 >>>

宋代的文教政策⋯⋯⋯⋯⋯⋯⋯⋯⋯⋯⋯⋯⋯⋯⋯⋯⋯⋯⋯⋯⋯ 048

宋代的专科学校⋯⋯⋯⋯⋯⋯⋯⋯⋯⋯⋯⋯⋯⋯⋯⋯⋯⋯⋯⋯⋯ 053

宋代书院的兴盛⋯⋯⋯⋯⋯⋯⋯⋯⋯⋯⋯⋯⋯⋯⋯⋯⋯⋯⋯⋯⋯ 056

元代的书院⋯⋯⋯⋯⋯⋯⋯⋯⋯⋯⋯⋯⋯⋯⋯⋯⋯⋯⋯⋯⋯⋯⋯ 060

蒙学教育的盛行⋯⋯⋯⋯⋯⋯⋯⋯⋯⋯⋯⋯⋯⋯⋯⋯⋯⋯⋯⋯⋯ 063

宋代的识字课本⋯⋯⋯⋯⋯⋯⋯⋯⋯⋯⋯⋯⋯⋯⋯⋯⋯⋯⋯⋯⋯ 065

"四书"成为标准教科书⋯⋯⋯⋯⋯⋯⋯⋯⋯⋯⋯⋯⋯⋯⋯⋯⋯ 067

宋元宫廷音乐教育⋯⋯⋯⋯⋯⋯⋯⋯⋯⋯⋯⋯⋯⋯⋯⋯⋯⋯⋯⋯ 070

扩展阅读　宋徽宗与宋代画院⋯⋯⋯⋯⋯⋯⋯⋯⋯⋯⋯⋯⋯⋯ 072

第四章　印刷时代——宋元印刷文明的发展 >>>

两宋印刷文明背景⋯⋯⋯⋯⋯⋯⋯⋯⋯⋯⋯⋯⋯⋯⋯⋯⋯⋯⋯⋯ 076

雕版印刷技术的成熟⋯⋯⋯⋯⋯⋯⋯⋯⋯⋯⋯⋯⋯⋯⋯⋯⋯⋯⋯ 078

毕昇与活字印刷术⋯⋯⋯⋯⋯⋯⋯⋯⋯⋯⋯⋯⋯⋯⋯⋯⋯⋯⋯⋯ 082

王祯与木活字印刷⋯⋯⋯⋯⋯⋯⋯⋯⋯⋯⋯⋯⋯⋯⋯⋯⋯⋯⋯⋯ 084

印刷术促进纸币盛行⋯⋯⋯⋯⋯⋯⋯⋯⋯⋯⋯⋯⋯⋯⋯⋯⋯⋯⋯ 087

金元纸币的印刷⋯⋯⋯⋯⋯⋯⋯⋯⋯⋯⋯⋯⋯⋯⋯⋯⋯⋯⋯⋯⋯ 091

佛教典籍的大量刊印⋯⋯⋯⋯⋯⋯⋯⋯⋯⋯⋯⋯⋯⋯⋯⋯⋯⋯⋯ 095

宋元时期的书籍装帧⋯⋯⋯⋯⋯⋯⋯⋯⋯⋯⋯⋯⋯⋯⋯⋯ 097
扩展阅读 宋代的报纸⋯⋯⋯⋯⋯⋯⋯⋯⋯⋯⋯⋯⋯⋯⋯ 100

第五章 "窑"相辉映——五大名窑瓷器文化

天下第一窑：汝窑⋯⋯⋯⋯⋯⋯⋯⋯⋯⋯⋯⋯⋯⋯⋯⋯⋯ 104
定窑的饰花瓷器⋯⋯⋯⋯⋯⋯⋯⋯⋯⋯⋯⋯⋯⋯⋯⋯⋯ 106
哥窑：紫口铁足现青花⋯⋯⋯⋯⋯⋯⋯⋯⋯⋯⋯⋯⋯⋯ 108
闻名于世的景德镇青白瓷⋯⋯⋯⋯⋯⋯⋯⋯⋯⋯⋯⋯⋯ 110
耀州窑系的形成⋯⋯⋯⋯⋯⋯⋯⋯⋯⋯⋯⋯⋯⋯⋯⋯⋯ 112
名满天下的元青花⋯⋯⋯⋯⋯⋯⋯⋯⋯⋯⋯⋯⋯⋯⋯⋯ 113
扩展阅读 青花象耳瓶的故事⋯⋯⋯⋯⋯⋯⋯⋯⋯⋯⋯ 116

第六章 文学奇葩——探寻宋代词文化

宋词的盛行⋯⋯⋯⋯⋯⋯⋯⋯⋯⋯⋯⋯⋯⋯⋯⋯⋯⋯⋯ 118
李煜与新型抒情词⋯⋯⋯⋯⋯⋯⋯⋯⋯⋯⋯⋯⋯⋯⋯⋯ 121
范仲淹及豪放词风的开创⋯⋯⋯⋯⋯⋯⋯⋯⋯⋯⋯⋯⋯ 124
柳永与通俗词风⋯⋯⋯⋯⋯⋯⋯⋯⋯⋯⋯⋯⋯⋯⋯⋯⋯ 126
晏殊与《珠玉词》⋯⋯⋯⋯⋯⋯⋯⋯⋯⋯⋯⋯⋯⋯⋯⋯ 129
一代文豪苏轼⋯⋯⋯⋯⋯⋯⋯⋯⋯⋯⋯⋯⋯⋯⋯⋯⋯⋯ 131
辛派词的发端⋯⋯⋯⋯⋯⋯⋯⋯⋯⋯⋯⋯⋯⋯⋯⋯⋯⋯ 135
陆游的爱国华章⋯⋯⋯⋯⋯⋯⋯⋯⋯⋯⋯⋯⋯⋯⋯⋯⋯ 138
扩展阅读 女词人李清照⋯⋯⋯⋯⋯⋯⋯⋯⋯⋯⋯⋯⋯ 141

第七章　销魂曲调——宋元戏曲艺术

空前辉煌的元杂剧 …………………………………… 146

元杂剧的基本构成 …………………………………… 149

元杂剧的兴盛 ………………………………………… 152

杂剧宗师关汉卿 ……………………………………… 156

杂剧推手马致远 ……………………………………… 159

王实甫与《西厢记》 ………………………………… 162

宋元时期的南戏 ……………………………………… 165

南戏的舞台演出 ……………………………………… 167

高明与《琵琶记》 …………………………………… 169

扩展阅读　《赵氏孤儿》 …………………………… 172

第八章　品茶论酒——走近宋代茶酒文化

宋代茶文化 …………………………………………… 176

宋代斗茶之风盛行 …………………………………… 178

精美的饮茶器具 ……………………………………… 181

宋代茶馆文化兴盛 …………………………………… 183

闲情雅趣：茶肆听说书 ……………………………… 185

宋代北苑贡茶 ………………………………………… 187

宋代的酒文化 ………………………………………… 189

苏轼和陆游有关酒的诗作 …………………………… 191

宋元时期的酒令 ……………………………………… 195

宋人"以梅佐饮" …………………………………… 198

扩展阅读　宋太祖"杯酒释兵权" ………………… 201

第九章　社会风貌——宋元时期的民风民俗

成就突出的宋代风俗画 …………………………………… 204

千古佳作《清明上河图》 ………………………………… 206

新娘开始坐花轿 …………………………………………… 207

宋人薄葬盛行 ……………………………………………… 209

象棋的流行 ………………………………………………… 210

宋元文人的围棋雅好 ……………………………………… 212

深受重视的军事武艺 ……………………………………… 215

养生之风的兴起 …………………………………………… 218

宋代舞蹈艺术的活跃 ……………………………………… 220

宋代的厨娘文化 …………………………………………… 224

扩展阅读　宋代人口破1亿 ……………………………… 226

第一章

飞速发展——宋元的农田水利文明

宋元时期，农业生产发展到了一个新的水平，这可以从其养活的人口数目得到反映。据学者研究，到12世纪初，中国的实际人口有史以来首次突破一亿。尤以南方人口增长为最快。人口的迅速增长和南方水利农田的进步有很大的关系。

宋元时期的农田水利工程

宋代南方农田水利设施发展迅速，尤其是南宋时期兴修的工程数量明显增加。《宋史·食货志》说："大抵南渡后，水田之利，富于中原，故水利大兴。"元代在此基础上继续发展。兴修的工程类型主要有圩田水利工程、海涂水利工程和塘坝水利工程。

长江中下游沿江滨湖区，地势低洼，开发农田易遭水淹。为此，劳动人民首先在这一地区创造了圩田。

"圩"即人们在沿河、滨湖的淤滩和低洼地区修筑堤岸，外挡洪水、内捍农田的一种土地利用方式。圩内之田即为圩田。水利工程除修筑圩堤外，往往在圩内开挖灌排沟渠，与圩外河道相通，并设置闸涵控制灌排。宋代杨万里说："江东水乡，堤河两涯而田其中谓之圩。农家云：'圩者，围也，内以围田，外以围水。'盖河高而田反在水下，沿堤通斗门，每门疏港以溉田，故有丰年而无水患。"宋代以太湖地区和皖南沿江地区圩田水利最为兴盛。

太湖地区在唐代中期至五代时期已逐渐形成塘浦圩田系统。北宋时，由于社会经济的发展，土地制度和水利管理政策的变化，塘浦大圩制渐渐解体。再加上地理环境的变迁，潮汐倒灌，洼地沉降，太湖广大圩区洪涝灾害频仍，甚至出现"一抹尽为白水"的状态。因苏、湖、常、秀等地是"国之仓廪"，故政府重视浚浦筑圩工作，以改善平原圩区的水利条件。如景祐二年（1035），范仲淹在苏州主持开浚白茆等东北诸浦，疏导积水，并建闸挡潮；宝元元年（1038），叶清臣主持吴淞江裁弯工程，将原长四十里的盘龙汇，裁为只有十里的直道，加快了吴淞江的排水速度；政和六年（1116）及宣和元年（1119），赵霖组织疏治昆山、常熟诸港浦。在筑圩方面，鼓励民众自修小圩保田，如嘉祐五年（1060）转运使王纯臣"请令苏、湖、常、秀作田塍，位位相接，以御风涛，令县官教诱殖利之户，自作塍岸"，被批准推行，收到一定效果。

北宋后期，政府为增加赋税收入，鼓励围垦湖滩草荡，如平江府（今属苏州市）兴修围田两千余顷。宋室南渡之后，大批北人"云集二浙"，一些侨寓巨室，联合土著千方百计围裹湖荡，浙西围垦掀起热潮。此时驻军也侵据太湖淤滩为田，"累土增高，长堤弥望，名曰坝田"。到淳熙年间，围湖为田的势头依然未减，"浙西豪宗，每遇旱岁占湖为田，筑为长堤，中植榆柳，外捍菱芦"。据淳熙十一年（1184）统计，浙西共有围田一千四百八十九所，曾立石碑作为标志。这时围垦与水利矛盾尖锐，规定立石碑以外的地区不准围垦。然而围垦的趋势收敛甚少，"围于浅水既为高田，围于茭荡既为稻田"。发展到元初，仅苏州府所属的吴县、长洲、常熟、吴江、昆山、嘉定六州县就有围田八千八百二十九座。

今安徽南部沿江，江苏高淳、溧水一带，宋代属江南路。原来这里是古丹阳湖所在地，经长期淤积分解成固城、石臼、丹阳等湖。相传春秋战国时期吴国已在固城筑圩。三国时东吴有少量圩田兴筑。五代、北宋修筑渐盛。

第一章　飞速发展——宋元的农田水利文明

北宋范仲淹说:"且如五代群雄争霸之时,本国岁饥则乞籴于邻国,故各兴农利,自至丰足。江南应有圩田,每一圩方数十里如大城,中有河渠,外有门闸,旱则开闸引江水之利,涝则闭闸拒江水之害,旱涝不及,为农美利。"南宋时更加重视江东圩田的兴筑,屡次下诏修圩。据李心传《建炎以来系年要录》记载,江东共有十余所官圩。乾道九年(1173)对宁国府、太平州圩田进行核查,芜湖县圩岸长达二百九十余里,"通当涂圩共四百八十余里,并高广坚致"。之后,圩田继续发展,绍熙四年(1193)太平州知州叶翥说:"当涂、芜湖、繁昌三县并低接江湖,圩田十居八九。"大部分土地已圈筑于圩中。

宋元时期太湖、皖南地区圩田的兴修,使土地面积成倍增加。如在农田以低田为主的苏州,北宋初仅有一百七十万亩农田,嘉祐时达三百四十万亩,南宋末上升到五百七十万亩,增加的土地主要是围垦出来的。江东圩田在南宋末总计至少有三百万亩。除太湖、皖南地区外,宋代时浙东也大肆围湖,有数十个湖泊经围垦而消亡,著名的绍兴鉴湖在政和年间被围垦废弃,垦得湖田二千二百六十七顷。围垦虽增加了土地,但盲目围垦,侵占湖面,霸占水道,引起的水旱灾害增多,农田失收,国家失赋,生态环境恶化,社会问题增多,所以两宋时期许多人士呼吁控制围垦,政府也多次禁围。但因眼前利益的驱使,围垦仍禁而不止,这又从总体上影响了农业生产。这一历史教训值得认真汲取。

为保护沿海地区农田和开发涂田,宋元时在东南沿海大力修筑拒咸蓄淡工程——海塘和堰坝。

江苏长江以北沿海地区,唐代筑有捍海堰。到了宋初,因年久失修,捍海堰逐渐崩颓,海潮灾害增多。天圣年间(1023—1032)在范仲淹的倡议和主持下重修海堤,南起海陵境(今东台安丰以南),北至盐城,长一百四十三里,"遂使海濒沮洳潟卤之地,化为良田,民得奠居"。至和中（1054—1056），海门知县沈起自吕四至余四筑海堤百里。人们称苏北这些海堤为"范公堤"。

江苏南部沿海平原（包括今上海地区），宋代时南汇嘴外涨迅速。为了开发新涨滩涂，南宋乾道八年（1172），华亭知县丘崈主持增筑一道海塘，即华亭捍海塘堰，位置大致在今川沙、顾路、南汇、大团、奉城、柘林一线。华亭南部的海岸一直被海水冲击，南宋时将通海的河港全部筑堰捺断，到乾道时期筑有十八堰，与海塘连成一个整体，增强了抗御海潮的能力。元代时华亭沿海遭到数次大的潮灾，大德五年（1301）受灾后重筑海塘，称为大德海塘。

浙江北部沿海地区受钱塘江口、杭州湾潮流冲溢的影响。北宋时期，海潮主流从杭州湾南面出入，杭州和浙东沿海被冲，这一段海塘修筑频繁。杭州海塘修筑工程达九次之多，创建和修筑了柴塘、竹笼石塘、直立式石塘等，技术上有不少进步。北宋中期，萧山至镇海的浙东海塘全线建成。南宋和元代，海潮主流屡次改向从钱塘江北大门出入，盐官一带正当其冲，海塘修筑的重点转移到盐官、海盐一带，元代还采用"石囤木柜法"筑塘。

此外，浙江东部沿海和福建沿海分布许多海湾平原，宋元时修建了很多长短不等的海堤，围涂垦殖兴盛。广东珠江三角洲在修筑堤围时也利用海涂。

宋元时期，南方山区开发加快，山丘地坡陡流急，降水留不住，易发生干旱，所以多兴修塘坝蓄水工程。

"坝"是在山谷和溪流上筑堰拦蓄水流的工程，各地按工程大小及蓄水多少分别称之为"堰""坝""陂""堨""捺"等。"塘"是在平地凿池，或在高地水汇聚处筑堤；就地潴蓄雨水的灌溉工程，也称为"荡"。宋元时兴修的塘坝工程数量众多。如南宋淳熙元年（公元1174

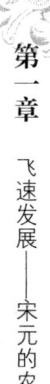

年）修治江南东路九州军（建康、宁国二府，徽、池、饶、信、太平五州，南康、广德二军）四十三县水利，共修陂塘沟洫二万二千四百五十一所，灌溉农田四百四十二万亩，受益十四万九千户。元代，南方陂塘继续发展。据王祯的《农书·灌溉篇》说："惟南方熟于水利，官陂官塘，处处有之，民间所自为溪竭水荡，难以数计，大可灌田数百顷，小可溉田数十亩。"这些众多的中小型蓄水工程对发展山丘地区的农业生产起了重要的作用。

南方土地的充分利用

宋元时期，南方人口增加迅速，人地矛盾日益紧张，不少地方出现"无地可耕，无田可种"的状况。人们努力寻求扩大耕地的途径。"与山争地"，则有梯田的出现；"与水争田"，则有围田（或圩田）、柜田、架田、涂田、沙田的发展。这一时期在土地利用方式上取得了长足进步。

1. 梯田

指在山坡地上通过"层蹬横削"，大体沿等高线筑成台阶的农田，又称塝田、排田、噜田。

王祯在《农书·田制门》称："梯田，谓梯山为田也。"介绍了三种情况：土山，"下自横麓，上至危巅，一体之间，裁作重磴，即可种艺"；土石相半，"则必叠石相次"，在坡地边用石垒成田埂，"包土成田"；山势峻峭，不可展足，"播殖之际，人则伛偻，蚁沿而上，耨土而种，蹑坎而耘"，采用挖坎种植的方法。这些有治坡措施的山田，总称为梯田。如山上有水源可种水稻，否则只能种旱作粟麦。梯田具有保水、保土、保肥的功效，比之唐代时盛行的畲田，技术上大有提高。畲田采用刀耕火种的方法耕种山地，方法比较原始，畲田无治坡措施，必将加重水土流失，而梯田具有水土保持的功效，又能施行灌溉，提高作物产量。南方的山丘地占总面积的三分之二，因此，梯田的推广意义重大。

梯田一名首见于南宋范成大的《骖鸾录》。袁州（今江西宜春）仰山"岭阪上皆禾田，层层而上至顶，名梯田"。这反映出当时袁州山区梯田已相当发达。其他南方山区梯田也多有分布。如在福建山区，方勺《泊宅编》卷三称，"其人垦山陇为田，层起如阶级然，每远引溪谷水以灌溉"，出现"山到崔嵬犹力耕"的情景。在四川果州（今南充）、合州（今重庆合川）、戎州（今南溪）一带，叶廷珪《海录碎事》卷十七说："农人于山陇起伏间为防，潴雨水，用植粳糯稻，谓之噌田。""防"是堤，已在山陇筑塍岸建成阶梯状水平梯田，潴水种稻。在湖南衡、永间（今衡阳、零陵一带）黄黑岭山势陡峭，也开辟为梯田。范成大《石湖诗集》卷十三说："谓非人所寰，居然见锄犁，山农如木客，上下翾以飞。"在浙江温州、处州（今丽水）间的括苍山冯公岭上梯田盛行，楼钥《冯公岭》一诗即描写"百级山田带雨耕，驱牛扶耒半空行"。元代梯田继续发展，王祯的《农书》对梯田的修筑技术做了总结，反映出梯田的修筑技术已经成熟。

2. 围田、圩田和柜田

上文已对围田和圩田的分布和发展做了介绍。现录王祯的《农书·田制门》对围田和圩田所做说明如下:"围田,筑土作围以绕田也。盖江淮之间,地多薮泽,或濒水不时淹没,妨于耕种。其有力之家,度视地形,筑土作堤,环而不断,内容顷亩千百,皆为稼地。后值诸将屯戍,因令兵众分工起土,亦效此制,故官民异属。复有圩田,谓叠为圩岸,捍护外水,与此相类。虽有水旱,皆可救御。凡一熟余,不惟本境足食,又可赡及邻郡。实近古之上法,将来之永利,富国富民,无越于此。"围田或圩田是相类的田制,它们的创造和完善,是土地利用技术的一大发展。

王祯的《农书·田制门》说:"柜田,筑土护田,似围而小,四面俱置窦穴,如此形制,顺置田段,便于耕莳。若遇水荒,田制既小,坚筑高峻,外水难入,内水则车之易涸。浅浸处宜种黄穋稻。如水过,泽草自生,穇稗可收。高涸处亦宜陆种诸物,皆可济饥。此救水荒之上法。"柜田比围田面积小,但最大的也有百亩左右,内部塍埂少而宽平。

3. 架田(人工葑田)

架田是人工将葑泥铺盖在木框架上而成,为人们受天然葑田的启发而制,宋元时在江河湖泊常架设之。天然葑田为多年生葑(菱草)的根茎和泥土凝结而成,形成田块,往往浮于水面,故又称浮田。

王祯的《农书·田制门》说的较详细:"架田。架,犹筏也,亦名'葑田'。《集韵》云:"葑,菰根也。……以木缚为田丘,浮系水面,以葑泥附木架上,而种艺之,其木架田丘,随水高下浮泛,自不淹没。《周礼》所谓'泽草所生,种之芒种'是也。……窃谓架田附葑泥而种,既无旱暵之灾,复有速收之效,得置田之活法,水乡无地者宜效之。"

历史上葑田早已被利用。东晋郭璞《江赋》云："标之以翠翳，泛之以游菰。播匪艺之芒种，挺自然之嘉蔬。"所指游菰即漂浮的葑田，种植水稻和蔬菜。五代时，广东一带也有葑田，《玉堂闲语》有记载。最初的架田不铺泥，用来种蕹菜，东晋《南方草木状》记载了此技术。宋元时期南方人口空前增加，耕地不足，架田得到推广。南宋陆游《入蜀记》载，在湖北"遇一木筏，广十余丈，长五十余丈，上有三四十家，妻子鸡犬臼碓皆具，中为阡陌相往来"。宋元时期葑田在南方分布较广，江浙、淮南、两广、云南等地皆有，面积大小不一。这是古代农民想方设法扩大耕地的一条途径。但后来因水土资源开发的加深、集约经营的加强，葑泥被大量捞取用作肥料，天然的葑泥越来越少，明清以后葑田不再见于记载。

4.涂田

涂田是濒海之地，潮水所泛泥沙沉积而成的农田，亦称海田、洋田、塗田、潮田、海沙田。《农书·田制门》说："濒海之地，复有此等田法。其潮水所淤，沙泥积于岛屿，或垫溺盘曲，其顷亩多少不等，上有咸草丛生，候有潮来，渐惹涂泥。初种水稗，斥卤既尽，可为稼田。……沿边海岸筑壁，或树立桩橛，以抵潮泛。田边开沟，以注雨涝，旱则灌溉，谓之'甜水沟'。其稼收比常田，利可十倍，民多以为永业。"涂田形成之时，含盐量很高，可种植耐盐的水稗，土壤经过脱盐，就可种庄稼，这是改良涂田的生物措施。此外，还可用于水利改良，主要包括筑堤挡潮、开沟排盐、蓄淡灌溉。宋元时在江、浙、闽、粤沿海地区大修拒咸蓄淡工程，海涂得到大量开发，就连偏僻的雷州半岛，元代通过兴修灌溉工程，亦"计得良田数千顷，濒海广潟并为膏土"。

5. 沙田

由江河泥沙淤积而成的沙洲或滩地，开发而成的农田叫作沙田。

据《农书·田制门》记载："沙田，南方江淮间沙淤之田也，或滨大江，或峙中洲，四围芦苇骈密，以护堤岸。其地常润泽，可保丰熟。普为塍埂，可种稻秫，间为聚落，可艺桑麻，或中贯湖沟，旱则平溉；或傍绕大港，涝则泄水，所以无水旱之忧，故胜他田也。旧所谓'坍江之田'，废复不常，故亩无常数，税无定额，正谓此也。"宋元时，长江沿岸和江中沙田开发甚多，南宋时政府多次派官员检视淮南、浙西、江东沙田芦场，以增加租税。如宋理宗嘉熙二年（1238）曾议卖沙田芦场二十万亩，用所得帑金赈济流民和补充军费。然而，因沙田坍涨不定，税收并无保证，如果沙洲淤滩已经稳固，修筑堤岸沟渠等水利工程后，与圩田也基本相类，故"无水旱之忧"。以上若干种土地利用方式，以梯田、圩田推广之范围最广，在农业生产上所起作用最大。从南宋中期开始，出现了"苏湖熟，天下足"的谚语，说明当时苏州和湖州一带粮食生产在国内占有重要地位，而"浙西之地，低于天下，而苏湖又低于浙西"，两地地势较低，农业生产的发展与围田的扩展有很大的关系。梯田的推广使稻田搬上山岗，促使南方粮食产量大为增加。

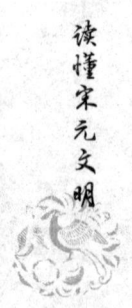

宋元时期的农具

我国古代的农业生产工具，到了宋元时期更为成熟。

北宋社会经济的发展，首先表现在农业生产的恢复与发展。宋代陈旉在《农书》中曾说"种无虚日，收无虚月，一岁所资，绵绵相继"，以改变先前的"休耕"方法。宋初，劳动人民大力垦荒、研究土质、讲究耕作方法，开垦土地的面积逐渐增加。长江以南的福建、江西、湖南一些多山地带，被垦辟为山田。千千万万劳动人民在那里"缘山导泉""山耕而水莳"。宋代的农业生产工具，较之唐代不仅质量得到改进，新品种也有增加，而且一些前代已发明的农业生产工具还得到推广。

宋元时期，黄河流域的农业生产虽曾一度遭到比较严重的破坏，但由于各族人民经济文化的交流日益频繁，长江、闽江、珠江等流域的农业生产仍然得到发展。宋辽金元时期的农业生产工具获得了比较全面的发展，可谓是盛况空前。如，北魏贾思勰的《齐民要术》，记载的农业生产工具只有三十多种，而元代《农书》里记载的已达一百零五种之多。《农书》介绍农业生产工具的卷十一至卷二十二，附图多达三百零六幅。它将农具分为二十门，每门又分若干项，主要农业生产工具有以下几类。

耒耜门：耕牛、犁、耙、耖、劳、挞、礰、磟碡、砺碑、耧车、砘车、瓠种、耕槃、牛轭、秧马等。

钁臿门：锋、长镵、铁搭、杴、镵、铧、镢、划、劚等。

钱镈门：耨、耰钼、耧锄、镫（凳）锄、铲、耘荡、耘爪、薅马等。

铚艾门：镰、推镰、粟鉴、䥷、铍、犁刀等。

杷朳门：平板、田荡、辊轴、秧弹、权、筤（杭）、乔杆、禾钩、搭爪、禾担、连枷、刮板、击壤等。

杵臼门：踏碓、埂碓、砻、碾、飏扇、磴、连磨、油榨等。

灌溉门：翻车、筒车、架槽、戽斗、桔槔、辘轳、石䆫、石笼等。

利用门：渰铧、卧轮水轮、水排、水轮三事、水砻、水轮连磨、水击面箩、漕碓、机碓等。

䅺麦门：麦笼、捃（郡）刀、拖杷、麦钐、麦绰等。

农书所记一百零五种农具当中，少数是早已绝迹的，多数起源很早，后来逐步经过多次改进，还有不少是这一时期的新发明创造，如犁刀、秧马、水轮三事，比较集中地反映在耕耘、栽种、灌溉、收割、加工等几个方面。这些新式农业生产工具，更多更广泛地运用机械原理。元代的犁刀是我国犁的重要发明，甚至在世界各国农业生产工具发展史上也都占有一定位置。许多国家在犁耕中都采用了类似元代犁刀的部件。

北方旱地农具的改进

宋元时期荒地垦辟增多,创制了一种新的耕具——刀,同时踏犁获得推广。北方旱作农具也有许多改进:播种、镇压农具有砘车,中耕农具出现了耧锄、䎬头,施肥农具有粪耧,收获农具有推镰、麦钐、麦绰、麦笼等。

1. 刀

也称犁刀,是一种形似短镰,背宽而厚的开荒利器。因为荒地"根株骈密",一般耕犁犁铧宽阔,不易切断蟠结草根。开垦荒地时将刀装在犁床上,用牛拉动,先切断根株,然后用耕犁翻地就省力多了。宋代已大量使用。《宋会要辑稿·食货六十三下·营田》记载,乾道五年(1169),宋代官田进行开荒时,"每种田人二名给借耕牛一头……每牛三头,用开荒鏊刀一副"。元代《农书·钅至艾门》称"辟荒刃也"。使用方法为,"于耕犁之前,先用一牛引曳小犁,仍置刃裂地,辟及一陇,然后犁镜随过,覆坡截然,省力过半。又有于本犁辕首里边就置此刃,比之别用人畜,尤省便也。"

2. 踏犁

唐代已有,称"长镶",是足踏翻土农具。《农书·钁臿门》中说:"长镶,踏田器也。……柄长三尺余,后偃而曲,上有横木如拐,以两手按之,用足踏其镶柄后跟,其锋入土,乃捩柄以起坡也。在园圃区田,皆可代耕,比于钁劚省力,得土又多。"北宋时中原发生牛疫,在耕牛缺乏的情况下,几次推广踏犁。如淳化五年(994)宋、亳等州发生牛疫,耕牛死去过半,政府"内出踏犁数千,分给宋、亳人户"。南宋周去非《岭外代答·风土门》记载了踏犁的具体结构,其柄长至六尺,"踏可耕三尺"。古代踏犁在我国南、北方都有使用,至今南方的一些少数民族仍流传使用。

3. 砘车

用于播种后的镇压,是宋元时期所创与耧车播种配合的高效率农具。据《农书·耒耜门》介绍,砘,以径为尺许的圆石制成,也称石碌,以木轴架碌为轮。四碌用两牛挽之,"随耧种所过沟垄碾之,使种土相着,易为生发"。以往耧种后用挞覆土压实,或用足踩垄底,而砘车碾沟垄速度快,这一创制提高了工作效率。

4. 耧锄

金元时以畜力牵引的中耕农具,是我国历史上中耕役使畜力的首创。据《农桑辑要·种谷》引《种莳直说》所载耧锄的构造可知,其形似耧,但无耧斗。在类似耧车样的架子上装上一杏叶形的铁刃,故称耧锄。一人牵一驴（熟悉后不用人牵），又一人轻扶，入土二三寸，一天能中耕二十亩，除草松土速度快。且耧锄刃在土中窜进，只松土不成沟，又能抗旱保墒。其时还有"劐子"，结构稍有不同，刃部中间有脊，田中驶过有沟，易跑墒。所以耧锄在苗小时第一遍中耕使用，第二遍中耕时，庄稼已扎根深，较耐旱，于是用"擗土木雁翅"，穿于铁锄柄上，压锄刃上，就能开沟培土。耧锄首先在燕赵滨海平原使用，后在北方地区推广。

5.耥头

北方垄作农田使用畜力牵引的中耕农具。东北的金元遗址中常有发现。这种农具的铁刃部分，前端尖锐，底部呈三角形，中部起脊，尾部向上翘起，形状呈马鞍形，能锄松垄沟两侧土壤兼除杂草，并能分土壅根，与今日东北垄作的耥头形状一致。

6.粪耧

它是一种改进的耧车，它将播种和施肥结合起来。汉代赵过已发明耧车，元代又在耧车上增加装粪的机构。

据《农书·耒耜门》记载："近有创制下粪耧种，于耧斗后别置筛过细粪，或拌蚕沙，耩时随种而下，覆于种上，尤巧便也。"这就增加了耧车的功能。

拔秧移栽——秧马

秧马,又称秧船或秧凳,是水稻拔秧移栽时乘坐的器具。秧马大约出现于北宋中期,最初是由家用四足凳演化而来。其基本结构是在四足凳下加一块稍大的两端翘起的滑板,因为有四条腿,使用的姿势好似在骑马,又是在秧田中使用,所以人们形象地称之为"秧马"。操作者坐在秧马上,略前倾,两脚在泥中稍微用力一蹬,秧马就可前后滑行。

据史料记载,苏轼于元丰年间谪居黄州,在武昌的畦田里"见农夫皆骑秧马",引起了他浓厚的兴趣。他仔细观察发现,秧马"以榆枣为腹"(易滑行),"以楸梧为背"(体轻),首尾翘起,中间凹进,形似小船,农民骑在秧马上拔秧,"雀跃于泥中""日行千畦"。拔秧时轻快自如,没有猫腰弓背的劳苦。秧马的另一作用是"系束其首以缚秧",即把束草放在前头用来捆扎秧苗,极为便利。苏轼对秧马大加赞赏,每到一地即宣传推广。苏轼被贬惠州(今广东惠州),南下途经庐陵(今江西吉安),遇见《禾谱》撰者曾安止。苏轼遂作《秧马歌》相赠。该诗对秧马的形制及作用做了详细描述。后人还将《秧马歌》刻成石碑(现藏于泰和县博物馆），使其流传久远。秧马出现后，历代文献多有记述。元代王祯《农书》、明代徐光启《农政全书》、清钦定《授时通考》等著名农书都以图文并茂的形式予以介绍。至今，秧马在南方农村仍在使用。

齿轮汲水——翻车

翻车，又名龙骨车。龙骨车在历史上是发挥过重要作用的。据记载，宋朝神宗熙宁八年（1075）曾发生过一次大旱，运河干涸得不能行船了，当时征用了四十二部龙骨车从无锡的梁溪向运河调水，只花了五天的时间，运河就又通航了。

对于龙骨车的具体结构，历史上一直没有明确的资料，《农书》不仅为之绘制了比较清楚的图谱，而且做了相当精确的文字说明。"其车之制，除压栏木及列槛桩外，车身用板木作槽，长可两丈，阔则不等，或四寸，或七寸，高约一尺。槽中驾行道板一条，随槽阔狭，比槽板两头俱短一尺，用置大小轮轴。同行道板上下通周以龙骨板在其上，大轴两端各带拐木四茎，置于岸上木架之间"，用时"人凭架上，踏动拐木，则龙骨板随转，循环行道板刮水上岸"。使用这种龙骨车还可以分级提水，如"若岸高三丈有余，可用三车，中间小池倒水上之，足救三丈已上高旱之田"。

　　从古到今，龙骨车一直是一种实用价值极高的农田排灌工具，虽然结构比较复杂，但因是纯木结构的，制作并不太困难，一般木匠皆可为之。不仅在南方广泛应用，北方近水地区也有应用。1949年以后，各种龙骨车，在我国广大农村，特别是江南河网地带，不但继续普遍使用，而且有不少改进。有人统计，1957年仅湖南一省使用的龙骨车就有135万部，尤其是湖北省黄冈地区改进的脚踏龙骨车，由于车上采用了齿轮传动系统，并利用了飞轮和甩轮的惯性作用，不仅提高了车水效率，减轻了劳动强度，而且运行均匀，受到群众欢迎。贵州省的杨昌雄先生在1987年前后对龙骨车在农村的使用情况做了一个调查。这年遇到大旱，在抗旱中，龙骨车发挥了巨大作用，仅长顺县就动用了龙骨车710台，占各种抽水机械的62%，而且龙骨车的抽水量相当可观，两台龙骨车的抽水量可抵一台小型抽水机。中华人民共和国成立初期，在农村经济基础比较薄弱、国家财政也比较困难的情况下，一些地方政府曾出钱资助发展龙骨车。如贵州长顺县，当时政府组织农机厂制造了一批龙骨车，政府从财政上给予补贴，低价出售给农民，对促进当地水稻生产起了重要作用。

　　水转翻车，车水部分可以说与脚踏翻车的结构完全相同。正如《农书》所说："水转翻车，其制与踏车俱同。"但需要增加一套水力传动部分，即在"车之踏车外端，作一竖轮，竖轮之旁架木、立轴，置二卧轮，其上轮适于车头竖轮辐支相间。乃擗水傍激，下轮既转，则上轮随拨车头竖轮，而翻车随转，倒水上岸。此是卧轮之制"。实际上，王祯说的下轮是一个水涡轮。而上轮和车头竖轮，则是互相咬合的木齿轮。水涡轮和上轮在同一根轴上，所以水涡轮一转，上轮即转，通过咬合的齿就带动车头竖轮旋转，即可和人踏一样带动水车车水。

　　除了这种用卧式水涡轮带动的水转翻车，还有一种用立式水涡轮带动

的水转翻车,"当别置水激立轮,其车辐之末,复作小轮,辐头稍阔,以拨车头竖轮"。这里王祯的解释比较模糊,实际上其结构应该是和水碓相似,即所置的竖轮(立轮),本身就是一个带辐板的水涡轮,轮轴与翻车的大龙头同轴,立轮被水冲击转动时,即可直接带动大龙头转动。应该说,立轮式水转翻车比卧轮式水转翻车结构简单。

水转翻车发明于何时尚无定论,因为人力翻车和水转筒车在唐代已经盛行,具备了产生水转翻车的物质和技术条件,据此推断水转翻车的发明时间,当在此前后。

水转翻车在动力上使用了水力,当然比用人力是很大进步,正如王祯在诗中说的那样:"谁识人机盗天巧,因凭水力贷疲民。"但其结构相对复杂许多,而且要在有水流落差的地方才能使用,这就使水转翻车有了很大的局限性,灵活性受到很大限制,所以使用范围是远不能与人力翻车相比的。

牛转翻车

南宋佚名画家《柳荫云碓图》可能是我国最早的一幅涉及"牛转翻车"的画。在没有流水的地方,除可应用脚踏翻车外,还可使用牛转翻车。牛转翻车与卧式水转翻车十分相似,将卧轮式水转翻车上的水涡轮卸掉,将立轮置于岸上,用牛代替水涡轮拉动立轴转动即可,"比人踏功将倍之"。所以王祯咏颂曰:"日日车头踏万回,重劳人力亦堪哀。从今垄首浇田浪,都自乌犍领上来。"

牛转翻车与人力翻车、水转翻车相比,也是各有优缺点。其虽比水转翻车有了更大的适应性,但必须具备畜力,这也是贫苦农民不容易做到的。

丰富多彩的农业文献

宋元时期,农书数量比前一时期有明显增加,已知农书的数量几乎是前代农书的总和。在这些农书中,不但有反映一代农业风貌和农业水平的综合性农书,而且有为数众多、内容新颖的专业性农书。宋代综合性农书,现存的只有陈旉《农书》,它在中国农学史上占有十分重要的地位。作者陈旉生长于北宋、南宋之交,活动在长江下游地区,曾"躬耕西山""种药治圃",有丰富的实践经验。他于公元1149年写成的《农书》是总结江南地区农业生产和经营管理经验的一本地方性农书。全书分上、中、下三卷。上卷是土地经营和栽培总论的结合,是全书的主体。中卷谈耕牛的重要性及其牧养役用和疾病治疗。下卷谈栽桑养蚕的方法。全书构成完整的体系。陈旉写农书不因袭成说,必经实践检验证明切实可靠才写下来。因此,该书虽然篇幅不大(连序跋一万多字),但内容翔实可靠,这在《齐民要术》以后的综合性农书中,几乎是独一无二的。其中对水田耕作栽培技术和各类土地合理利用的精辟论述,标志着南方水田精耕细作技术体系的成熟。它和《齐民要术》可算得是双星拱照,南北辉映。书中重视把握农业生产规律,提出的"盗天地之时利"和"地力常新壮"等观点,在传统农学发展史上具有里程碑的意义。

元代保存下来的重要农书有三部。这就是《农桑辑要》《农书》和《农桑衣食撮要》。《农桑辑要》是元司农司组织编纂的,成书于1273年,是我国现存最早的官修农书,主要作者是孟祺、畅师文、苗好谦等。全书共七卷。卷一典训,记述农桑起源和经史中重农言论和事迹。卷二耕垦、播种,包括整地、选种总论和大田作物栽培各论。卷三栽桑,卷四养蚕,内容丰富精细,远远超过以前农书,显示农桑并重特点。卷五瓜菜、果实,讲的是除花卉外的园艺作物。卷六竹木、药草,兼及水生植物和甘蔗。卷七孳畜、禽鱼、蜜蜂,专讲动物饲养,注重医疗,而不收相畜术。《农桑辑要》写作态度严谨,引用材料均注明出处,自加材料则注明"新添"。引录资料占全书93%,其中57%是现已失传的书,这些内容加上"新添"部分占全书的2/3,一般为唐宋以来新经验的总结,内容切实,不尚浮词。书中主要谈的是北方农业生产知识,但注重南北农业文化的交流,提倡棉花、苎麻、柑橘、甘蔗等南方植物向北方推广,思想是活跃的。

王祯原籍山东东平,在安徽等地当过县尹,对南北各地农业生产都比较熟悉,又多才多艺。《农书》完成于14世纪初。全书三十六卷,分三大部分。《农桑通诀》是农业总论,包括农事起源、天时、地利、耕作、播种、施肥、灌溉、收获、储藏和种植、畜养、蚕缫、祈报等。《谷谱》是农作物和果、蔬、竹木的栽培概论。《农器图谱》是全书主体。该书第一次囊括了北方旱地和南方水田的生产技术,并进行了比较,系统全面,源流清晰。尤其是全书约三分之二的篇幅用以介绍"农器"(主要为各种农机具,也包括部分农产品加工工具和其他与农业有关的设施),每种"农器"有图一幅、文字说明一篇,并配上诗赋,图文并茂,洋洋大观,为我

国最古、最全的农器图谱。该书的缺点是引用古书不够严谨。

畏兀儿人鲁明善写的《农桑衣食撮要》是农家月令体裁的农书，所列各项农事具体细致，切合实用，不尚虚礼浮辞。

元人写的农书不止以上三本，还有已经失传的《务本新书》《士农必用》《韩氏直说》《农桑要旨》《蚕桑直说》《种莳直说》《蚕经》等，大多集中出现于元初尚未并宋的十几年间。这在中国农学史上是异乎寻常的现象。当时黄河流域经过长期战乱经济凋敝，元世祖为了巩固马上取得的政权，致力于恢复和发展农业生产，措施有建立司农司、制定农桑条例等，总结长期积累的农业生产经验，发扬精耕细作的优良传统成为迫切的需要，上述农书正是在这种历史背景下产生的。写作农书的多为汉人，也包含了在农耕文化和游牧文化冲突中保存本民族文化传统的目的。

宋元时期还出现了大量谱录类农书和专科研究的农书。如在105种宋代农书中，这类农书有82种，占78%。这类农书许多是有开创性的，比前代分科更细，内容更专。比较重要的有宋代秦观的《蚕书》、赞宁的《笋谱》、陈翥的《桐谱》、蔡襄的《荔枝谱》、韩彦直的《橘录》、陈景沂的《全芳备祖》、曾安止的《禾谱》、王灼的《糖霜谱》、陈仁玉的《菌谱》、欧阳修的《洛阳牡丹记》、赵汝砺的《北苑别录》，元代娄元礼的《田家五行》等。

宋元时期还出现了一批劝农文和耕织图。其以通俗的文字和图像介绍农业技术，或针对农业生产中的问题提出解决办法，具有农业推广性质，是我国古老农学的一种新形式。

扩展阅读　犁耕取代锄耕

犁耕取代锄耕是农业生产和农业技术的重大成就和根本性革命，在金代，上京诸路已基本完成此过程。

据考古发掘出土的大量金代铁制农业生产工具显示，这时期的农业生产技术较前代已有相当进步，在今黑龙江、吉林、辽宁、河北、北京、山西、河南等地出土了数量众多的农具，有的一处就达数十件，如黑龙江肇东八里城出土各种铁制农具五十余件，北京房山焦庄村出土三十多件，这个种类繁多，有犁铧、䦆头、犁壁、镰、手镰、锄、锄钩、耘锄、镐、钁、叉、锹、铡刀、车辖等，每种工具又有多种形式，分别可用于翻土、播种、牛耕、除草和收获。1976年，在河北滦平县窑上公社岑沟村这个金代农家遗址中，出土了一个《齐民要术》中提到的窍瓠，它是见于报道的迄今最早的此类遗物。

据此分析可以认为，至迟在金代中期，上京诸路使用的铁制农具已经成功配套。黑龙江肇东八里城出土的五十多件铁制农具经初步整理，直接用于农业生产的有翻土分土工具、除草工具和收割工具。而且许多农具与

中原地区已基本一致,甚至十分相似,有些还同20世纪30年代前后黑龙江地区农村使用的工具有些近似,体现了当时农业技术的进步。

除了数量多、品种齐及应用的细致,其结构也显得相当进步,如出土的犁铧,尖端角度较小,不仅入土深,而且能起较大的垄,有利于保墒全苗。而所用的锄头,锄板很薄,上边还安装弯形锄钩,这样,锄草时既不易碰坏庄稼,又可深锄而省力。

在耕作技术上,这些地区已广泛推行了辽代的垄作,不仅能防风沙,而且有利于吸收太阳能,提高土壤温度,的确适应东北地区的环境及气候。在此基础上,金代进一步完善并形成了一整套适合这种耕作方式的农具。如出土的犁铧、钚镣和现代东北地区使用的已很相似,而与河北地区的出土文物有较大差别。再如犁壁,上京地区的呈长方形,而北京的则为扁方形。这些差别显然是与当时实行垄作和平作方式不同有关的。最有特色的是蹬头,这种既可以分土起垄,又可以牛耕趟地的适合东北垄作方式的特征性农具,到目前为止,仅在黑龙江肇东八里城等地遗址中有所发现。

据上述材料足以推断,金代犁耕已经取代了锄耕并已发展到相当高的水平,这些成功配套的农具使许多地区摆脱了粗放的耕种方式,进入了精耕细作农业时代,极大地促进了农业生产的发展。

第二章
罗盘导航——宋元航海发明与航运技术

指南针的前身是司南。它的主要组成部分是一根装在轴上可以自由转动的磁针。磁针在地磁场作用下能保持在磁子午线的切线方向上。磁针的北极指向地理南极，利用其这一性能可以为人们指示方向。指南针常用于航海、大地测量、军事及旅行等方面。

指南针的发明

指南针的使用对于航海家的远洋探索起到了举足轻重的作用。宋代的《武经总要》就载有制造指南鱼的方法,即利用强大的地磁场作用使磁畴顺地磁场方向排列,从而使铁片磁化。

北宋科学家沈括(1033—1097)在科学技术方面取得的成就更令世人瞩目。他的《梦溪笔谈》提到了指南针的几种用法:一是水浮法,即把指南针放在有水的碗里,使它浮在水面,指示南北方向;二是指甲旋定法,把磁针放在手指甲上轻轻转动后定方向;三是碗唇旋定法,即把磁针放在光滑的碗边通过旋转磁针定向;四是缕悬法,即在磁针的中部涂上点蜡,用一根细丝线沾上蜡后,悬挂于空中指南,但是这种悬挂式指南针必须在无风处使用。

沈括提到的这四种方法,至今仍有实用价值。现代的磁变仪、磁力仪的基本结构就是采用了沈括所说的缕悬法原理。沈括是世界上最早发现磁偏角的人。他在《梦溪笔谈》中写道:"方家以磁石磨针锋,则能指南,然常微偏东,不全南也。"这是世界上现存最早的磁偏角的记录。在西方,一直到1492年哥伦布在横渡大西洋时才发现磁偏角这一现象,比沈括晚了四百多年。

实用指南针一经发明就被应用于航海,对于社会发展起到了重要作用。我国是最早把指南针用于航海事业的国家。有了指南针才可能有后来郑和七下西洋的壮举。

南宋吴自牧在《梦粱录》中有"风雨冥晦时,惟凭针盘而行,乃火长(船老大)掌之,毫厘不敢差误,盖一舟人命所系也"等记载。从中可以看出,海船对于指南针的倚重。南宋时,指南针已演进成为水浮式样磁罗盘的针盘。

针盘是早期罗盘的一种形式,由水浮针与圆形方位盘结合而成。方位盘上依十二地支将整个圆周分为十二等分,在十二地支之间再等而分之,填以天干、八卦,构成二十四方位罗盘图。如再以每两字间夹缝为一方位,则可构成四十八方位罗盘图。在使用时,先以子、午定北、南,再观航向与其方位字的关系,如正好吻合,则为"丹针",称"某针"或"丹某针",如航向在某二方位字之间,则为"缝针",称"某某针"。

海船上指南针及针盘导航的使用,在世界航海史上是一件划时代的大事。宋时首创的指南针航海,使船舶航行方向与安全得到了保障。指南针技术传入欧洲后,推动了西方航海事业的发展。15世纪末16世纪初,欧洲各国航海家纷纷将指南针用于航海事业。他们不断探险,开辟新航路,发现了美洲大陆,完成了环绕地球的航行。

指南针促进航海文明

　　从宋代再往前追溯一千多年，在我国历史上的战国时期，曾有一种叫作"司南"的测向仪器。"司南"是用天然磁石制成的，看上去像一个勺子，把它放到一个光滑的盘子上，勺柄能够自动指南。当时，人们制作一个"司南"相当不容易。先要找一整块磁石作为材料，这块磁石本身得有南、北两极。加工磁石的时候，既不能用锤、凿等工具打击，也不能用火去烧，只能轻轻地磨制，否则，一经"千锤百炼"，石头的磁性就会消失得无影无踪。这样看来，制作"司南"的工匠还真的要花一番"铁杵磨成针"的功夫。

　　可是，费尽心血才做成的"司南"，一到海上却成了摆设，派不上用场。为什么会这样呢？原来，茫茫的大海总是波浪起伏，木船在海上颠簸不定。在这样的情况下，如果在一个平滑的盘子上放一个同样光滑的勺子（为的是减少勺子转动时的摩擦力），要让这个盘子始终保持水平状态，还要让上面的勺子固定不动，这简直就是天方夜谭。所以"司南"始终没有被应用到船上。

唐宋时期，我国航海业的发展十分迅速。海员们在长期的海上实践中，饱受迷失方向之苦，迫切需要一种实用的指向仪器。"司南"既然不行，那么能不能找到一种新的仪器呢？经过长期摸索和反复试验，人们发明了人工磁化的方法，这是制造指南针的一项关键技术，从而为指南针的出现提供了可能。

世界上关于人工磁化的最早记录，是成书于北宋庆历四年（1044）的《武经总要》。在这本书里，提到了人工制造"指南鱼"的方法。它是把一个铁片剪成长约两寸的鱼形，放到炭火里烧红，然后将炽热的"鱼尾"对准正北方向浸入水中，再取出来，一只尾巴指向北方的"指南鱼"就做成了。用现代的知识来看，这实际上是一种利用强大地磁场的作用使铁片磁化的方法，但这种方法取得的磁性比较弱，灵敏度不高，实用价值还不太大。

时隔不久，一种更好的人工磁化方法出现了。北宋大科学家沈括写的《梦溪笔谈》里，介绍了当时的"方家"以天然磁石摩擦钢针，钢针"则能指南"。从现在的观点来看，这是一种利用天然磁石的磁场作用，使钢针内部的磁力线排列规则化，从而让钢针显示出磁性的办法。这种办法操作简便，钢针取得的磁性比较强，灵敏度高，它就是我们所说的指南针。

在《梦溪笔谈》里，沈括还试验了把指南针放在手指甲上、瓷碗边上，用细蚕丝悬挂到空中及漂在水里四种安放的办法。从航海的角度来看，最有实用价值的是漂在水里，即"水浮针"法。它的具体操作是：找一小截灯芯草，把指南针穿到草的中间，放在水里，指南针便可以靠着灯芯草的浮力漂在水面上了。这样，不管船舶在大海中如何摇晃，装在容器中的水面总有维持水平的倾向，所以，"水浮针"的指向效果是相当稳定的。

宋代的人们不仅最早发明了指南针，而且敏锐地发现了指南针的一个"大问题"——它并不是指向正南的。沈括曾对他制作的指南针进行过细致观察，结果发现指南针"常微偏东"，表明当时已认识到了地磁偏角，这对于提高船舶的导航精度具有重大的意义。

指南针发明之后，很快就被我国的航海者"搬"到了船上。北宋宣和元年（1119）朱彧撰写的《萍洲可谈》一书，是世界上最早记载利用指南针进行海上导航的书籍。书中提到："舟师（船长）识地理，夜则观星，昼则观日，阴晦（阴天）观指南针。"过了四年，一个名叫徐兢的官员出使高丽回国后写了一本《宣和奉使高丽图经》，其中也谈道："是夜，洋中不可住，惟视星斗前迈，若晦冥，则用指南浮针，以揆南北。"我国先人留下的这两条用指南针导航的珍贵记载，要比欧洲和阿拉伯足足早了一百年。

指南针刚"上"船的时候，还仅仅是作为阴天使用的一个辅助性导航仪器，但随着它在航海实践中展示出来优越性，很快就由"配角"上升为"主角"，变成海员们必不可少的主要导航手段。南宋人赵汝适在《诸蕃志》里写道："舟舶来往，惟以指南针为则。昼夜守视惟谨，毫厘之差，生死系焉。"从中不难看出，南宋海员们已经对指南针相当依赖了。

在科学技术高度发展的今天，海船上已经有了卫星导航、通信导航、天文导航等各种各样新的导航手段，但我国先人发明的指南针，却依旧是每条船上必备的导航手段。

宋元的造船业

宋朝每年都要通过运河从南方运输数百万石粮食和大批布帛等物资到东京（今河南开封）附近地区，供应皇室、官吏和驻军，因此，每年都要修治和新造大批运输用船。据《宋会要辑稿》记载，宋至道三年（997）官方共造船3337艘，宋天禧五年（1021）官方共造船2916艘，造船业十分兴旺。

宋朝在许多地方设有官办造船厂，有些规模颇大，如南宋时期洪州、吉州、赣州三造船厂各有工役兵卒200人，每天造成一艘船。

宋朝官船厂也造海船，官办船厂制造较多的又一类船是战舰，尤以南宋记载最多。南宋时官船厂造了许多车船，有多个脚踏拨水轮，船速很快。

宋代河运、海贸兴盛，私人船只往来于江河湖海，常被官府运输雇用，私人造船业也极其发达。

宋代造船技术在汉唐的基础上有不少创新，最值得注意的是水密舱技术得到普遍推广和车船技术得到很大发展。

水密舱技术发明于唐，兴盛于宋。宋代水密舱实物在今天许多地方

可以看到。1960年扬州施桥镇出土宋代大木船和独木舟各一艘，前者残长18.4米，船艄部分已经破坏，以残存情况看，约可分为五个大舱和若干小舱。隔舱板与船舷是榫接的，缝隙用油灰填塞。1982年泉州发掘的南宋古船已清理部分发现四舱，同时还发现有关于水密舱的确切记载。可见水密舱技术在宋代得到普遍推广。

车船技术始于南朝，成熟于唐，发展于宋。南宋建炎四年（1130）至绍兴五年（1135），杨幺领导的农民起义军建造了不少车船。据《老学庵笔记》记载，官军战船长三十六丈，宽四丈一尺，高七丈二尺五寸。可见当时的车船规模都是较大的。车船速度快，机动灵活，深受宋人重视。淳熙八年（1181），荆湖帅臣造成五车、六车、七车、八车战船，次年建康府又造九十只车船，其车轮数多达二十二和二十四个，可见车船技术在宋代得到了更大发展。

宋代在造船技术方面有如下新成就：一是制作了尖底船。尖底船吃水深，故其抗御风浪的能力较强。1979年在宁波东门口发掘了一艘尖头、尖底、方尾的海船，是我国目前发现最早的单龙骨尖底船实物。二是船舵技术有了多方面的发展。如平衡舵就是那时发明的，平衡舵把一部分舵面分布在舵柱的前方，以缩短舵压力中心与舵轴的距离，降低转舵力矩，使操纵起来更为轻便灵活。又如升降舵在那时得到了使用，还使用了副舵、三副舵及开孔舵。三是那时设置了防摇装置，船上的舭龙骨，就是为了减缓船舶左右摇摆，提高行船平稳性设置的。四是使用了修船的船坞，熙宁中（1068—1077），于金明池北普大澳修成船坞，这是世界上最早的船坞记录。五是船上设探水铅锤，以测水深，防止搁浅。六是造船工艺从设计到施工都较为严密科学，宋人在建造形式新颖或结构较为复杂的船舶时，都先制作模型，后依比例放大、施工。而西方直到16世纪才出现类似的简单制船图。

牵星术与航海

我国是天文学起步最早的国家之一。早在六七千年前的新石器时代，就已经有了东、西、南、北四个方位的观念，并且逐步形成了确定方位的方法。以后，人们又发现北极星恒定在北方，夜间可以用它判知方向。早期的航海者就是利用这些知识指引航向的，这也可以说是航海天文学的开端。

在古代，天文导航又叫过洋牵星，它包括观测方向和方位。我国最迟在公元前2世纪的西汉初期就已经利用天文知识导航了。当时的著作《淮南子》一书里说，如果乘船的人分辨不清方向，只要观测北斗星和北极星就可以明白了。东晋访问印度和斯里兰卡的高僧法显在5世纪初乘船回国，他在《历游天竺记传》中记述这段历程的时候也说，大海弥漫没有边际，无法分辨东西，只有依靠日月星辰指示航向。如果在阴雨天气，看不到日月星辰，就可能被风吹离航线，迷失方向。只有等到天晴以后才能重新辨认方向，有希望恢复正确的航向。这表明，天文导航是当时的唯一方法。天文导航的方法在指南针用在航海上以后，仍旧没有被淘汰，而是继续得到充实和发展，与指南针配合使用，相得益彰，把导航技术推向一个新的阶段。

我国有重视观测星辰的优良传统。历史上对星辰的观测，不但在陆上进行，而且很早就在海上进行。在《汉书·艺文志》中，已经列有《海中星占验》《海中五星经杂事》《海中五星顺逆》《海中二十八宿国分》《海中二十八宿臣分》《海中日月彗虹杂占》等书目，表明当时在海中观测星象的工作已经受到相当重视。北齐的民间天文学家张子信，在一个海岛上对日月五星进行了三十多年的观测。这一在海中观测星辰的传统，为我国古代航海天文学的发展奠定了基础。同时，我国历史上的测量数学非常发达，西晋的著名数学家刘徽就著有一部名为《海岛算经》（又称《重差》）的数学著作，内容是测量目的物的高和远的计算方法，包括测量太阳的高和远的方法。唐朝的著名天文学家僧一行组织人力对地球子午线进行了世界上第一次测量和计算。元朝的著名天文学家和数学家郭守敬又进行了大规模的大地测量。

随着航海事业的发展，人们终于把天文学和计算数学应用在航海上，形成了称作"牵星术"的天文航海技术，用来测定船舶在海中的方位。也就是说，以"牵星高低为准"，通过测量的星斗高低位置，计算船舶与陆地的距离，再从观测日月的出没或者指南针的指向得知方向，就可以确定船舶在海中的位置了。

元代以测量天体高度判认船位的记载就十分明确了。据马可·波罗乘坐中国海船的远航纪实文字可知，中国航海者已非常注意观测北极星的高度。在《马可·波罗游记》一书中，共有四处关于星体出地（或出水）高度的记载，其中三处有具体数字："科马利（今科摩林角）是印度之一国，在爪哇看不见的北斗星，在距这里三十迈尔的海上，可见其出地平一古密。""这里（指马里八儿，今印度西南马拉巴海岸）北极星最高时达水面之上二古密。""这里（指胡荼辣，今印度卡提阿瓦半岛）北极星上升到六古密高。""这里（坎巴夷替，今印度坎巴）北极星更明，盖因更向西之故。"

马可·波罗于1292年从福建泉州港启航，利用护送蒙古公主阔阔真去波斯的机会踏上了返回家乡的归途。元代的泉州港是国内最大的国际贸易港口，远洋船舶精良，航海技术人才汇集，马可·波罗一行选择此地登船是很有道理的。《马可·波罗游记》中有关北极星高度的记载，很可能也正是当时福建泉州一带海员在远洋中观测天体高度留下的记载。

牵星术的原理

牵星板用乌木制成，一副是12块正方形木板，从小到大，最小的每边大约2厘米，每块大约递增2厘米，最大的每边大约22厘米。它以指为单位，从一指、二指一直到十二指，一指相当于现在的一度半左右。另外又有用象牙制成的一个小方块，大约6厘米长，四角刻有缺口。缺口四边的长度分别是半角、一角、二角、三角，一角是四分之一指。使用的时候左手拿着牵星板一端的中心，手臂伸直，让木板的下边缘保持水平线，上边缘对准观测的星辰，这样就可以测出船舶所在地看到的星辰距离水平线的高度。高度不同可以用12块牵星板或象牙板替换调整。在测得星辰高度以后，就可以计算出船舶所在地的地理纬度。

遥遥领先的航海术

北宋航海技术也有极大提高。一是海船上装有磁石指南针（罗盘针）；二是干支定位术，使海船在任何气候条件与地理方位上，都能准确地定向定位，利于远洋航行。南宋吴自牧《梦粱录》详述了罗盘针的形制与功用，是世界上最早的关于指南针的科学记载。宋人的磁罗盘，定位精密，颇受海师的珍视。宋人朱彧作《萍洲可谈》生动地介绍了指南针的妙用。北宋徐兢的《宣和奉使高丽图经》也曾说明船上装有罗盘针，而且绘有海图。南宋赵汝适的《诸蕃志·琼海志》中，就编绘了南海诸岛的海图，指出了南海诸岛的地理方位。周去非的《岭外代答》一书，也明确记述了我国南海中的西沙群岛等岛屿的详情，"东大洋海有长沙，石圹数万里。"在海洋航行中的定向定位与海图的制作，除用指南针外，还要结合使用"干支定位术"。其办法是在远洋商船上，利用中国传统的天干之八（甲、乙、丙、丁、庚、辛、壬、癸），十二地支（子、丑、寅、卯、辰、巳、午、未、申、酉、戌、亥），八卦之四（乾、坤、巽、艮）组成二十四向定位法，以子午定南北。这样，干支、八卦的结合运用，其定位效果就似后世的经纬定位一般，这是一种全新的科学的远洋导航技术。它与指南针的结合使用，形成航海史上有名的"针路"知识，使航海的安全度、可靠性有了保障，在气候恶劣，不见星辰、不见岛屿的远洋航行中更见奇效。

　　航海业促进了东南沿海地区的经济繁荣，也促进了沿海港口城市与沿江港口城市的发达。我国唐代十万人口以上的都市不过十来个，到了宋代发展到四十来个，多数集中在沿江沿海地区。加上宋代矿冶、纺织、制瓷、造船、火器制造业等都很兴旺，有了生产基地，形成重点城镇。宋代都市发展很快，标志着当时社会生产力的大幅度提高。当时中外著名的城镇有汴京、洛阳、长安、扬州、江宁（今南京），京口（今镇江）、广州、密州、楚州（今淮阴）、庆元（今宁波）、澉浦（今海盐）、福州、泉州、吉州（今吉安）、洪州（今南昌）、江州（今九江）、鄂州（今武汉）、潭州（今长沙）、荆州、襄阳、渝州（今重庆）、成都，以及朱仙镇、景德镇、佛山镇等。这些城镇的出现与发展，带动了周围农业、手工业生产的兴旺，带动了周围地区的经济繁荣。我国经济重心南移的完成，就是在这一背景下实现的。

宋代的长江航运

大运河开通以来,长江航运更显示出巨大优势,北宋重视它,南宋更重视它。

中唐以后,益州、荆州与扬州的财物百货,都是通过长江航运,经广陵运河漕运送抵京师的。一般行旅北上南下也往往选择水路而不走陆路,长江航运在北宋时已成为社会生活中不可或缺的组成部分。南宋与金以淮河为界,长江成为国家的第二道防线,战略上更为重要。通过长江获取巴蜀湖广与苏皖的无尽财富,更是南宋经济的命脉所在。因此,当时的长江航运出现了前所未有的繁荣景象。

长江水运线很长。上游第一大埠为成都(古人将岷江作为长江的上源),从成都顺流而下,中经眉州(今眉山)、嘉州(今乐山)、戎州(今宜宾)、泸州、渝州(宋称恭州,今重庆)、涪州(今涪陵)到万州(今重庆市万州区)。这一段全在巴蜀境内,开发较早。特别是在成都平原地区,水网交织,内河船只比比皆是,运输十分繁忙。四川的财货,主要就是通过这条航线出川的,而输入的物资,也大量地来自"川江"。

过了万州，就进入三峡航段了。当时，这是长江航线中最艰险的一段，通过夔州（今奉节）、归州（今秭归）与夷陵（峡州，即今宜昌）到达江陵府。三峡水道之险，是古今闻名的。

为了开通三峡航路，保证长江航运的终年不断，三峡船夫付出了巨大的代价，在征服三峡方面立下了奇功。原来，从川西平原滚滚而下的川江，一进入奉节县夔塘峡口，立即碰上壁立雄峙的山崖夹住江流，江水突然受到了猛烈的束缚，偏偏峡口又有巨石挡道。奔涌的江水来到这里，便跳荡腾跃起来，电击雷轰一般。舟行其间，谁不提心吊胆！民谚说"滟滪大如马，瞿塘不可下。滟滪大如猴，瞿塘不可留。滟滪大如龟，瞿塘不可回。滟滪大如象，瞿塘不可上。"这就是说，当滟滪堆如马如象时，水浅礁多，不可上下。当滟滪堆如龟如猴时，水流湍急，船行至此如猛箭一般，不可有一息暂留，也不能有一点迟回。真是一年四季，无时不险，无日不惊。商旅往返，财货进出，该要多大的胆量、多高的智慧、多丰富的航行经验才行啊！

船出三峡之后，旅客和商贾将在江陵做出决定，是继续东下，还是北上中原。江陵是川货的一个重要集散地、转运站。江陵向下，过岳州可到鄂州。鄂州在江汉合流处，是宋代兴起的又一大埠，其繁华程度已直逼江陵了。

南宋诗人范成大西行，在船过鄂城（今汉口）时，看到了一番景象：沿江有数万人家，其酒肆茶舍，门面装点得尤其引人注目，有的十分壮丽。整个街市，商店一家挨着一家，日夜经营生意兴隆。范成大一打听，才知道这里是巴蜀、荆州、襄阳、淮水、江州、广州及两浙地区的商品集散地。每天只要有货物来埠，不论多少，不论品类，一天之内，就能消化掉。商人们南来北往，东下西上，熙熙攘攘，不厌其烦。仅此就可以想见当年江航的热闹了。

鄂州向下，便是江州（今九江）、池州（今贵池）和江宁府（今南京）了。这一段是南宋重点设防的区域。这里江面开阔，放眼望去，烟水茫茫，樯橹林立，风帆片片。从战国时楚国开始经营至今，一直是沟通长江上游与下游的中间环节。当年，陆游在受命赴任夔州通判时，船过江西九江，曾遇见这样一个木筏。筏长五十余丈，筏上竟居住了三五十户人家，而且妻子儿女，鸡鸭犬豕，杵臼水碓，一应俱全。甚至还有小庙一座，供船民烧香拜佛用。木筏上有往来小道，家家互通声息，户户和睦相处，俨然一个不小的村落。筏主人告诉他："像这样的大筏子，在长江里不计其数，并不起眼，而惹人注意的是更大的木筏，那上面铺土种菜，开设茶馆酒肆，只是因为太长，不能进入三峡，但在其他水域则通行无阻。"如此见闻，使陆游感到十分新奇。

江宁是转入扬州之前的又一个商品集散基地。船过江宁后，在北宋时期，就下行至瓜步、京口之间，转入大运河，经扬州、楚州、宿州（今宿县）、宋城（今商丘）去汴京。南宋时则从润州转江南运河，经平江府（今苏州）、嘉兴府（今嘉兴）到临安府（今杭州）。六朝以来，这一段的水上运输，是最为繁忙的。这一带也是江南最繁华的区域之一。宋代有"苏湖熟，天下足"之谚，可以想见当年的"江南河"与太湖流域，对于国家是多么重要。当年，南宋诗人陆游取道江南运河由杭州、苏州入江去蜀，在亲历了江南运河之后，颇有感慨地说："朝廷所以能驻跸钱塘，以有此渠尔。"（见《入蜀记》）

元代的漕粮海运

南宋端平元年（1234）正月，蒙古击灭金国之后，南宋凭借江南水师优势继续对抗蒙古骑兵。至元四年（1267）十一月，南宋叛将刘整向忽必烈提议"先攻襄阳（今湖北襄阳市襄阳区），撤其捍蔽"，强调"襄阳破，则临安摇矣。若将所练水军，乘胜长驱，长江必皆非宋所有"。至元五年（1268）九月，忽必烈命都元帅阿术率军包围襄阳。至元七年（1270）三月，叛将刘整又提议："我精兵突骑，所当者破，惟水战不如宋耳。夺彼所长，造战舰，习水军，则事济矣。"忽必烈随即下令"造船五千艘，日练水军，虽雨不能出，亦画地为船而习之，得练卒七万"。至元十年（1273）正月，元军攻占樊城（今湖北襄阳市樊城区）。当年二月，南宋守将吕文焕战败投降，襄阳陷落。从此元军水师实力增强。至元十一年（1274）九月，元军水师从襄阳出击。当年十二月，元军攻占鄂州，随即顺江东下直逼建康府（今南京）。至元十二年（1275）二月，元军在安徽铜陵击败宋军，乘胜攻占建康府、镇江、常州等地。当年七月，元军发起焦山之战，南宋水师战船1万余艘被焚毁，宋军的"长江天险"

彻底丧失。至元十三年（1276）二月，元军攻占临安，此时元军水师已经拥有1.79万艘战舰。

当初，北宋建都汴京，可以利用运河之便输送漕粮；南宋建都临安，也因地处江南，没有长途输送漕粮之累。元代建都大都（今北京），漕粮输送行程艰难，被视为"国计者大矣"。至元十九年（1282），忽必烈"命上海总管罗璧、朱清、张瑄等，造平底海船六十艘，运粮四万六千余石（约3367吨），从海道至京师"，从此开辟"漕粮海运"通道。

据《元史》记载，元初的海运航线，从刘家港出发，绕崇明岛出长江口，沿海岸北上。"至元二十九年（1292），因沿海岸北上的险路很多，乃另开辟新道。新道是由刘家港开洋，至撑脚沙，转沙嘴，至三沙洋子江（今崇明岛西北），过扁担沙大洪（今南通市启东市东南），又过万里长滩（今南通市海门市黄连沙头），放大洋至青水洋（今黄海中段），又经黑水洋（今黄海北段），至成山（今山东半岛成山角），过刘家岛（今威海市刘公岛），至芝罘（今烟台市芝罘岛）、沙门（今蓬莱市庙岛）二岛，放莱州大洋，至界河口（今天津塘沽）。""一年之后，又改了一条新道，是由刘家港入海，至崇明州三沙放洋，东行入黑水大洋，取成山，转西至刘家岛、沙门岛，过莱州大洋，入界河。"然后经过直沽（今天津市红桥区）转入运河航道。"计其水程，自上海至杨村马头（今天津市武清区杨村镇），凡一万三千三百五十里"，"当舟行风信有时，自浙西至京师，不过旬日而已"。为保障航行安全，航线沿途的险滩危崖白天立信号旗，夜间挂信号灯，创设了中国最早的航标信号系统。至元二十二年（1285），元世祖曾一度凿通"胶莱渠河"，规避环绕山东半岛航行的风险，但终因运输维护费用太高而放弃。

元代推行"漕粮海运"之初，大船排水量约1000石（约100吨），小船排水量约300石（约30吨）。元仁宗延祐年间（1314—1320），大船排水量增加到9000石（约900吨），小船排水量增加到2000石（约200吨）。后来又进一步发展到大船排水量1200吨、小船排水量300吨。元代的"漕粮海运"，推动了造船技术的进步。当时泉州建造的大型海船，船身用楸木或松木制造，甲板上设有60间舱房，船舱用厚木板分隔成13间货舱；航行时采用"水罗盘"指引航向，并运用"针路""针经""针谱"记载航程；沿途的浅滩、暗礁、沙洲等障碍均一一记入航图。此外，元代的航海已经广泛运用观测恒星高度以测定船舶方位的方法。据史料记载，当时的内河航行更是盛况空前，仅是长江中下游的船只就达到20万艘之多；官方的"行泉府司"也管辖海船1.5万艘。

元代后期，"历岁既久，弊日以生，水旱相仍，公私俱困，疲三省之民力，以充岁运之恒数，而押运监临之官，与夫司出纳之吏，恣为贪黩，脚价不以时给，收支不得其平，船户贫乏，耗损益甚。兼以风涛不测，盗贼出没，剽劫覆亡之患，自改至元之后，有不可胜言者矣。由是岁运之数，渐不如旧"。由此可见，制度的创新也必须与时俱进。如果总是停留在起点，满足于一得之功，希图一劳永逸，就必然会使创新的成果变为陈腐，最终难以为继。

第二章 罗盘导航——宋元航海发明与航运技术

扩展阅读　宋代海外贸易的扩大

两宋时期，我国同亚、非地区五十多个国家有贸易往来，海船直接到达的国家和地区有二十多个，海外贸易规模和范围都扩大了。

宋代，东到朝鲜、日本，南到南海各国（指当时东南亚和印度洋沿岸各国），西到阿拉伯半岛和非洲东海岸，都有中国海船的踪迹。宋代海外贸易的兴盛，有以下几方面的原因：一是宋朝历代统治者都很重视海外贸易。宋朝政府对海外贸易实行鼓励和支持的政策，大大促进了海外贸易的发展。二是很多外国人来中国经商，甚至定居。除官府和商人从事海外贸易，我国沿海地区部分无地的农民，也有许多人为谋生路出海经商，长年在外，不归故里。三是宋朝时，中国是世界上造船技术最先进的国家。两宋时的船，抗风力强，并且装有指南针，能准确辨识航向。技术先进的造船业为宋代海外贸易的扩大提供了可靠的物质保障。

在海外贸易的推动下，宋代增加了许多海港。宋朝重要的外贸港口有泉州、广州、明州、杭州、温州等。广州是最大的海港城市。两宋政府在这些港口设立市舶司，管理海外贸易。海外贸易同时促进了造船业的发展。

东南沿海的广州、泉州、明州等地，都有发达的造船业。北宋东京郊外，建有世界上最早的船坞。南宋沿海地区制造的海船，规模宏大。1974年泉州湾出土一艘南宋海船，残船就长达24米。

随着海外贸易规模的扩大，对社会经济生活领域的影响日益深刻。首先，海外贸易刺激了国内商业的发展。对外贸易中的进口货物使市场的商品种类更加丰富多彩；而外商需求的出口商品又吸引了国内客商汇集在海港城市。沿海城市的兴起都同海外贸易有着直接的联系。

其次，某一种产品的大量出口，刺激了这类商品的生产。宋朝的海外贸易以输出瓷器和丝织品为主，这样就促使制瓷业在两宋时期大放光彩，产量大增，瓷窑遍布各地。而某些商品的大量进口，对国内的生产发展和技术进步起到积极的作用。如硫黄的进口对火药的改进起到促进作用。

最后，两宋时期海外贸易收入，在财政上占有重要地位，不容忽视。宋高宗末年，对外贸易所得超过财政总收入的15%。宋朝正是通过对海外贸易进行抽税，获得了巨大经济利益。

宋代海外贸易的扩大，不仅在经济生活方面获益，而且在政治生活方面取得了巨大的成就。两宋时代，与宋朝海路通商的国家，不但包括自汉、唐以来一直与中国有贸易往来的国家和地区，而且包括以前尚未建立直接贸易联系的国家和地区，既发展了经济，又传播了中华民族的文化。

第三章

书院遗香——宋元时期的学校教育

宋代教育事业发展迅速,政府和民间办学之风大兴。京城是学校最集中的地方,政府办的学校有文、武两学,以及宗学、京学、县学等。民间办的乡校、家塾、舍馆、书会等,更是十分普遍。教育事业的发展,大大地提高了全民族的文化素质,也促进着社会经济、文化事业的发展。

宋代的文教政策

宋初的统治者在打败割据势力,基本上统一国家之后,在统治策略上做了重大改变,即由原来的重视武功,改为强调文治。太平兴国七年(982),宋太宗明确指出:"王者虽以武功克定,终须用文德致治。"与统治策略的这一转变相适应,确立了"兴文教,抑武事"的国策。

第一,重视科举,重用士人。

北宋统治者鉴于唐末五代各地节度使拥兵自重、割据称雄的危害,为了巩固政权,一方面采用政治威慑和物质利诱的手段迫使将帅交出兵权,另一方面重用文人,让他们充任全国各级政权的官吏,军队也受文官节制。开宝五年(972),宋太祖对宰相赵普说:"五代方镇残虐,人民深受其害,我今日选用儒臣百余人,分治各大州,纵然他们都是贪婪昏庸之徒,其危害'亦未及武臣一人也'"。正因为政治上迫切需要文人,于是便利用传统的科举考试,大量取士。对取中者,给予很高的地位和待遇。太平兴国二年(977),宋太宗对近臣说:"朕欲博求俊彦于科场中,非敢望拔十得五,止得一二,亦可为致治之具矣。"太平兴国八年

（983），他又对大臣们表白："朕亲选多士，殆忘饥渴。召见临问以观其才，拔而用之，庶使岩野无遗逸而朝廷多君子耳。"由于朝廷对科举考试寄予厚望，宋初每科录取人数之多，大大超过了前代。开宝六年取士127人，以后愈益增多。太平兴国二年，一次取士达500人。第一、二等进士及《九经》授官将作监丞、大理评事、通判诸州，同出身进士及诸科并送吏部免选，优等注拟。

第二，三次兴学，广设学校。

宋初通过科举考试，选拔了不少人才，基本上适应了当时统治策略的转变以及用人的需要，有利于中央集权的建立与巩固，却忽视了兴建学校培育人才。随着时间的推移，统治阶级内部一些有识之士，越来越清楚地认识到，仅仅依靠科举考试选拔人才是远远不够的，还必须广设学校培育人才。如果说"兴文教"的政策在宋初八十多年间主要表现为重视科举选拔人才，在这以后，这个政策的侧重点则在于兴学育才。于是，庆历四年（1044）后，宋朝历史上先后出现了三次著名的兴学运动。

第一次兴学运动是范仲淹在宋仁宗庆历四年主持的，史称"庆历兴学"。

范仲淹（989—1052），北宋著名的政治家、文学家和教育家。庆历三年（1043）七月，范仲淹任参知政事，不久即条奏十项改革案，要求兴学育才，改革科举等。翌年三月，仁宗因范仲淹"数言兴学校，本行实"，下诏大臣们讨论。宋祁、王拱辰、张方平、欧阳修等人深表赞同，并联合上奏称："教不本于学校，士不察于乡里，则不能核名实。有司束以声病，学者专于记诵，则不足尽人材。谨参考众说，择其便于今者，莫若使士皆土著而教之于学校，然后州县察其履行，学者自皆修饬矣。"于是，便在范仲淹的主持下兴学。

庆历兴学的主要内容有三项：第一，普遍设立地方学校。要求诸路府州军皆立学，县有士子二百人以上亦设学，教官选本地宿学硕儒充任，并规定"士须在学习业三百日，乃听预秋赋；旧曾充赋者，百日而止"，必须接受一定时间的学校教育，才可以应科举。第二，改革科举考试。规定科举考试先策，次论，次诗赋，罢贴经、墨义。凡士子通经术，愿对大义者，试十道，以晓析意义为通，三史科取其明史意而文理可采者，明法科试断案。第三，创建太学。因原国子监规模狭小，不足以容学者，即以原锡庆院为校址，修建讲堂，创建太学，招生二百人。聘请石介、孙复等名儒到太学执教，并派人"下湖学取瑗之法以为太学法"，在太学中推行著名教育家胡瑗创立的"分斋教学"制度。虽然由于范仲淹不久被排挤出朝廷，"庆历兴学"宣告失败，但它毕竟对于北宋教育事业的发展起了促进作用，且其余波一直荡漾不息。

第二次兴学运动是王安石在宋神宗熙宁年间主持的，史称"熙宁兴学"。

第三次兴学运动是蔡京在宋徽宗崇宁年间主持的，史称"崇宁兴学"，主要内容为扩充地方官学，续增州县学生，添置算学、书学、画学，使学制更为完备。

上述三次兴学运动，前两次虽然均未能取得预期的效果，但都在不同程度上将宋朝教育事业向前推进了一大步。第三次兴学，对宋朝教育事业发展所起的促进作用更是超过了前两次。因此，这三次兴学运动是宋朝"兴文教"政策最直接也是最重要的体现。

第三，尊孔崇儒，提倡佛道。

宋朝推行"兴文教"的政策，势必要尊孔崇儒。早在建隆三年（962）六月，宋太祖即命在国子监中"增葺祠宇，塑绘先圣、先师之像"，并撰文颂扬孔子和颜渊。宋太宗即位后，也明确规定，选用人才"须通经义，遵周孔之礼"，竭力提高儒学地位。宋真宗以后，尊孔崇儒现象尤为突出。大中祥符元年（1008），加谥孔子为"玄圣文宣王"，五年（1012），改为"至圣文宣王"。宋真宗亲撰《至圣文宣王赞》，称颂孔子是"人伦之表"，又撰《崇儒术论》，赞扬儒学是"帝道之纲"。宋真宗还命邢昺、孙奭等人校定《周礼》《仪礼》《公羊》《穀梁》《孝经》《论语》《尔雅》等七经疏义。后来，邢昺又撰《论语正义》《尔雅疏》《孝经正义》，孙奭撰写《孟子正义》，合唐人《九经正义》，及《春秋正义》，共为《十三经正义》，颁发给学校，成为法定教材。

在尊孔崇儒的同时，宋朝统治者大力提倡佛教和道教。太平兴国七年（982），宋太宗设立译经院，翌年，赐译经院匾额"传法"，命选童子五十人，入院学习梵文、梵学。他还手拿新译佛经五卷，劝告宰相学佛，说："方外之说，亦有可观，卿等试读之。"宋真宗更重佛教，咸平二年（999）即位不久，即著《释氏论》，明确认为"释氏戒律之事，与周、孔、孟、荀迹异道同"。全国僧徒增至近四十万，女尼近六万，佛教盛行。南宋时，全国寺院林立，佛教极盛。宋朝对道教也极力提倡。早在宋太宗时，就在开封、苏州等地建道观，多方收集道教经典。宋真宗时诏天下遍建天庆观。徽宗时更是大力提倡，重和元年（1118），下诏："自今学道之士，许入州县学教养；所习经以《黄帝内经》《道德经》为大经，《庄子》《列子》为小经"，"州县学道之士，初入学为道徒，试中升贡，同称贡士。到京，入辟雍，试中上舍，并依贡士法"。还规定在太学、辟雍中各置《内经》《道德经》《庄子》《列子》博士二员。并颁布《御注道德经》，刻石神霄宫，又根据蔡京的建议，收集古今道教纪事编撰《道史》。道教地位提高，在全国盛行。

宋朝统治者尊孔崇儒，大力提倡佛、道，主观目的是维护统治，但积极提倡的结果，使儒、佛、道三家在长期而激烈的斗争中，逐渐走上了融合的道路，最后孕育出以儒家思想为主体，融合佛、道思想而成的新的思

想体系——理学思想，后经元、明、清统治者不断提倡，成为中国封建社会后期的统治思想。

宋恢复武举

宋天圣七年（1029）设置武举考试，皇祐元年（1049）废罢。至嘉祐八年（1063），枢密院官僚上书朝廷，认为文武官吏缺一不可，与其任用一些不学无术的人为武将，不如任用那些饱读兵书、颇知阵法的人为将官。治平元年（1064）九月，宋英宗命令翰林学士、知制诰等官吏讨论恢复武举考试的方案。而官员们认为武举应同科举考试同时进行，允许中央高级官僚、地方行政长官和高级将领推荐人才参加武举考试。宋英宗采纳了这些建议，同时下诏规定，每次武举考试前由兵部统计参加考试人数及举子其他方面的情况。次年三月，由文臣二员和兵部长官考试时务第一道，由马军司考试射箭、骑马和武艺，这是初试。初试合格者再由皇帝委派的官员和兵部长官在秘阁组织第二次考试，同时派一些文臣和高级将领主持武艺考试，合格者授予武将官职。从此以后，就恢复了武举制度。

宋代的专科学校

宋朝的专科学校有六所：武学、律学、医学、算学、书学、画学。

武学是宋朝最早设立的专科学校。仁宗庆历二年（1042）十二月，置武学教授。翌年五月，正式在开封武成王庙设立武学，以太常丞阮逸为教授。但在八月即停办。神宗熙宁五年（1072），在原址重设武学，以兵部郎中韩缜判学，内藏库副使郭固同判。"生员以百人为额，选文武官知兵者为教授。使臣未参班与门荫、草泽人召京官保任，人材弓马应格，听入学，习诸家兵法。教授纂次历代用兵成败、前世忠义之节足以训者，讲释之。愿试阵队者，量给兵伍。在学三年，具艺业考试等第推恩，未及格者，逾年再试。"徽宗崇宁初，诸州皆置武学。崇宁五年（1106）三月，又罢诸州武学。南宋高宗绍兴十六年（1146），始建武学。二十六年（1156）加以整顿，规定："凡武学生习《七书》兵法、步骑射，分上、内、外三舍，学生额百人。置博士一员，以文臣有出身或武举高选人为之；学谕一员，以武举补官人为之。"宋朝重视武学，主要是由于当时外患侵逼，需要军事人才。在长期的教育实践中，积累了办理武学、培养军

事人才的经验。在中国教育史上，培养军事人才的武学始设于宋朝，对后来元、明、清的教育产生了深远影响。

律学在宋朝也颇受重视。开国初，即置博士，教授法律。神宗熙宁六年（1073），在国子监下专设律学，以朝集院为校舍，置教授四员，后又置学正一员。"凡命官、举人皆得入学，各处一斋。举人须得命官二人保任，先入学听读而后试补。"律学设断案和律令两个专业。习断案，则试案一道，每道叙列刑名五事或七事；习律令，则试大义五道。各以所习，月一公试、三私试。凡朝廷有新颁条令，刑部即送学，令学生研习。律学"用太学规矩"，学生都得遵守，但命官允许在校外住宿。元丰六年（1083），采用国子监司业朱服的建议："命官在学，如公试律义、断案俱优，准吏部试法授官。"律学的设置，为宋朝培养了需要的法律人才。

医学设置较早，初隶属太常寺，至神宗时，始置提举判局官一人专管。设教授一人，学生三百人。分设三科：方脉科、针科和疡科。学习内容各有侧重。方脉科以《素问》《难经》《脉经》为大经，以《巢氏病源》《龙树论》《千金翼方》为小经。针科、疡科去《脉经》，而增《三部针灸经》。徽宗崇宁年间，医学改隶属国子监，设置博士、学正、学录各四员，分科教导，纠行规矩。学校实行三舍法，上舍生四十人，内舍生六十人，外舍生二百人，总计三百人。各斋另置斋长、学谕各一人。考试分三场，各场的内容是：第一场问三经大义五道；第二场方脉科学生试脉证、运气大义各二道，针科、疡科学生试小经大义三道、运气大义二道；第三场假令治病法三道。凡考试合格、成绩优等者，则任尚药局医师以下职，其余"各以等补官，为本学博士、正、录及外州医学教授"。大观四年（1110），医学归入太医局。金兵侵宋，医学停办。南宋高宗绍兴年间，曾恢复医学。

算学始设于徽宗崇宁三年（1104）。招收"命官及庶人"为学生，定额二百一十人。教学内容为《九章》《周髀》《海岛》《孙子》《五曹》《张丘建》《夏侯阳》算法以及历算、三式、天文等。此外，还学习小经或大经。每月公试、私试及实行三舍法，与太学相同。大观四年（1110），算学归于太史局。南宋高宗绍兴初年，命太史局试补算学生。孝宗淳熙元年（1174），"聚局生子弟试历算《崇天》《宣明》《大衍历》三经，取其通习者"。随后，又连续分别在淳熙五年、九年、十四年三次试补算学生。光宗绍熙二年（1191）、宁宗嘉定四年（1211），也分别试补算学生，以补充当时太史局对于历算人才的需要。

书学亦创立于徽宗崇宁三年（1104），实行三舍法。学生不受出身等级限制，亦无定额。主要学习篆、隶、草三体，同时须明晓《说文》《字说》《尔雅》《博雅》《方言》，并兼通《论语》《孟子》或儒家大经。学习篆字，以古文、大小二篆为法；学习隶书，以王羲之、王献之、欧阳询、虞世南、颜真卿、柳公权的真行为法；学习草书，以章草、张芝九体为法。考试分为上中下三等："以方圆肥瘦适中，锋藏画劲，气清韵古，老而不俗为上；方而有圆笔，圆而有方意，瘦而不枯，肥而不浊，各得一体者为中；方而不能圆，肥而不能瘦，模仿古人笔画不得其意，而均齐可观为下。"大观四年（1110），并入翰林院书艺局。

画学不仅与算学、书学同时设立，而且实行的"三舍试补、升降以及推恩"相同。画学开设佛道、人物、山水、鸟兽、花竹、屋木等专业课程，除了学习这些专业课，学生还必须学习《说文》《尔雅》《方言》《释名》等基础理论知识，而且要求"《说文》则令书篆字，著音训，余书皆设问答，以所解义观其能通画意与否"。学生分为士流和杂流，分斋而居。士流另兼习一大经或一小经，杂流则诵小经或读律。作画考试的评分标准是"以不仿前人而物之情态形色俱若自然，笔韵高简为工。"大观四年（1110），并入翰林院书画局。

宋代书院的兴盛

书院是我国封建社会自唐以来一种重要的教育组织形式。"书院"的名称始出现于唐朝。当时有两种场所被称为书院。一种是由中央政府设立的主要用于收藏、校勘和整理图书的机构,例如丽正修书院和集贤殿书院。另一种是由民间设立的主要供个人读书治学的地方。本节主要讨论后者。这类书院或者直接以个人名字称呼,或者以所在地命名。

书院作为一种教育制度形成和兴盛则在宋朝。宋朝实现了国家统一,结束了自唐中叶、五代以后长期分裂割据的混乱局面,社会生产得到一定程度的恢复和发展,人民生活相对安定,士心向学。然而,当时的统治者急功近利,只注重科举选拔人才,以满足立国之初对于大批治术人才的需要,而忽视设学培育人才,以至在立国之后的八十多年间,官学没有得到应有的发展。在这种情况下,书院便以新生事物特有的强大生命力得到较大程度的发展,并成为一种重要的教育组织。吕祖谦在《白鹿洞书院记》中说:"国初斯民,新脱五季锋镝之厄,学者尚寡,海内向平,文风日起,儒生往往依山林,即闲旷以讲授,大率多至数十百人。"马端临在《文献通考》中亦云："是时未有州县之学，先有乡党之学……乡党之学，贤士大夫留意斯文者所建也。故前规后随，皆务兴起。后来所至，书院尤多。而其田土之锡，教养之规，往往过于州县学。"

宋初书院得到了较大发展，出现了一些著名的书院。

1. 白鹿洞书院

白鹿洞书院在庐山五老峰下。唐贞元年间（785—805），洛阳人李渤与其兄李涉隐居庐山读书，"谓其所居曰白鹿洞"。长庆（821—824）初，渤任江州刺史，在其读书旧址建筑台榭，引流植花，白鹿洞遂盛闻于世。唐末，颜真卿后人颜翊率子弟三十余人，授经洞中。南唐升元年间（937—943），始在此建学校，称庐山国学，亦称白鹿洞国庠，国子监九经李善道为洞主，掌教授，培养了一批人才。宋初置书院，有生徒数十百人。太平兴国二年（977），知江州周述上书朝廷，请赐《九经》以供生徒肄习，诏从其请，驿送国子监印本《九经》至书院，白鹿洞书院遂名闻天下。

2. 岳麓书院

岳麓书院在湖南善化县（今属长沙市）西岳麓山抱黄洞下。原为智璿等僧所建佛寺。开宝九年（976），潭州太守朱洞在此基础上"因袭增拓"，建讲堂五间，斋舍五十二间，创建岳麓书院。咸平二年（999），潭州太守李允则又加以扩建。中开讲堂，揭以书楼，塑先师十哲之像，画七十二贤。他还于咸平四年（1001），上书朝廷，请赐诸经释文义疏，以及《史记》《玉篇》《唐韵》等书，上从其请。这是岳麓书院第一次获得朝廷的赐书。当时书院生徒正式定额为六十余人。大中祥符五年（1012），湘阴人周式主持书院，为岳麓书院第一任山长。他呈请太守刘

师道扩建书院，于是书院规模大为扩展，生徒增至数百人。大中祥符八年（1015），真宗接见周式，任命其为国子监主簿，仍归书院教授，真宗亲书"岳麓书院"匾额以褒奖，"于是书院之称闻天下"。

3. 应天府书院

应天府治所在睢阳（今河南商丘），所以应天府书院又名睢阳书院。大中祥符二年（1009），应天府民曹诚于名儒戚同文旧居旁，建造学舍一百五十间，聚书一千五百余卷，"博延生徒，讲习甚盛"，曹诚愿以所建学舍捐赠入官，府奏其事，诏赐"应天府书院"匾额，命戚同文孙子奉礼郎戚舜宾主持，曹诚为助教。景祐二年（1035），书院改为应天府学，给学田十顷。

4. 嵩阳书院

嵩阳书院在河南登封太室山（即嵩山）南麓。北魏时为嵩阳寺，唐代为嵩阳观，五代后周时改为太室书院。宋太宗至道二年（996），赐"太室书院"匾额及印本《九经注疏》。真宗大中祥符三年（1010），复赐《九经》。仁宗景祐二年（1035），秘书著作郎王曾奏置书院院长，赐学田一顷，诏更名嵩阳书院，名闻天下。南宋时衰废无闻。

5. 石鼓书院

石鼓书院在湖南衡阳县（今衡阳）北石鼓山。原为寻真观。唐刺史齐映曾建合江亭于山之右麓。唐宪宗元和年间（806—820），衡阳士人李宽因寻真观之旧址，构屋读书其中。刺史吕温慕其名，曾上山访之。宋太宗至道三年（997），李宽族人李士真，援李宽故事，呈请郡守在李宽读书故址创建书院，以居衡阳学者。景祐二年（1035），集贤殿校理刘沆为衡阳太守，他请命于朝廷，赐院额"石鼓书院"并学田。《衡州府志》记载，石鼓书院"遂与睢阳、白鹿、岳麓称四大书院焉"。当时衡阳尚未设立州学，即以石鼓书院为州学。

上述书院在宋初均曾受到朝廷褒奖，或赐院额，或赐书，或赐学田，甚或兼而有之，一度社会影响较大，成为著名书院。

茅山书院

茅山书院坐落在江苏江宁府茅山（今江苏金坛境内），为宋初处士侯遗（字仲遗）所建。据《茅山志》云：他"营创书院，教授生徒，兼饮食之，积十有余岁"。宋仁宗天圣二年（1024），光禄卿王随知江宁府，上奏朝廷，请于三茅斋粮庄田内赐学田三顷，以充书院赡用。上从其请。后来书院废弛。南宋理宗淳祐年间（1241—1252），金坛知县孙子秀在旧址重建书院，不久亦斋空徒散，地为宗禧观占据。度宗咸淳七年（1271），书院徙建于金坛南顾龙山麓。茅山书院在获得朝廷赐田时，曾名闻一时，但不久即衰落，后来又兴废无常，影响不如前述书院。

元代的书院

元朝统治者对于书院采取保护、提倡和加强控制的政策。早在太宗八年（1236），就在燕京（即后来元朝首都大都，今北京）创立了元朝第一所书院——太极书院。此后，为夺取全国的统治权，战争频繁，各地经常出现军队骚扰书院的情况。因此，中统二年（1261），元世祖忽必烈下诏严禁侵犯书院。然而尽管如此，书院在战火中被毁坏的情况依然十分严重。

元世祖至元十六年（1279），南宋灭亡，国家统一，社会相对安定。元朝书院发展出现两种动向：一是在一些热心"地方教化"人士的倡议和筹划下，全国不少路、府、州、县开始了书院的重建。二是南宋灭亡后，有些士人不仕新朝，纷纷避居山林，自建书院，专事教授和学术研究；有的则应聘在地方缙绅、豪富所建书院中任主讲。面对这种情况，元朝政府因势利导，对于书院从原来采取的保护态度发展成为积极提倡。至元二十八年（1291），明令"先儒过化之地，名贤经行之所，与好事之家出钱粟赡学者，并立为书院"，从而大大促进了元朝书院的发展。仅《续文献通考》一书，即记载了谏议书院（昌平）、毛公书院（河间）、董子书院（景州）、鲁斋书院（京兆）、崇义书院（开州）、景贤书院（宣府）、甫里书院（苏州）、文正书院（苏州）、文学书院（苏州）、石洞书院（松江）、龟山书院（常州）等四十所书院。未载入《续文献通考》而见于《元史》《宋元学案》等其他史书的元朝书院数量更多。

元朝政府在积极提倡办书院的同时，加强了对书院的控制，使自宋朝以来书院的官学化倾向更为明显。元朝对于书院的控制，主要表现为三方面。

首先，政府任命书院的教师。据《元史·选举志》记载，"书院设山长一员"，与地方官学的学正、学录、教谕一样，同"命于礼部及行省及宣慰司"。书院山长或由集贤院及台宪等官荐举充任，或由地方官学的教谕、学录历经两考后升任，后来又改为以下第举人担任。山长同地方官学的学正一样，经考核合格，可以"升散府上中州教授"，最后升为路学教授。除山长外，路府州书院还"设直学以掌钱谷，从郡守及台府官试补"。很明显，这样的书院山长、直学，实际上已成为由政府任命的地方学官。

其次，控制书院的招生、考试及生徒的去向。《元史·选举志》云："自京学及州县学以及书院，凡生徒之肄业于是者，守令举荐之，台宪考核之，或用为教官，或取为吏属。"这样的书院生徒，实质上同官学生已没有多大区别。

最后，设置书院学田。元朝政府在鼓励民间士绅捐资创办书院的同时，还积极为书院设置一定数量的学田。据《元代书院考略》一文对四十二所书院学田的统计，其中学田超过一千亩的书院有六所，超过五百亩的有八所，两项合计，占总数的三分之一。书院把学田出租给佃户，岁

第三章 书院遗香——宋元时期的学校教育

入用作办学经费。因而,学田是书院赖以存在的经济基础。元朝政府拨学田给书院,并设法保护书院学田不受地方豪强和寺院侵夺,这样一方面保证了书院教学活动得以顺利进行,另一方面控制了书院的经济命脉,从而也就控制了书院。

元朝书院传授的内容,主要是儒家经书和理学家的著作。如元朝最早设立的太极书院,"立周子祠,以二程、张、杨、游、朱六君子配食,选取遗书八千余卷,请(赵)复讲授其中"。《元史》亦载,金华人王柏,得朱熹三传之学,讲学于台州上蔡书院。学习的内容为"《六经》《语》《孟》传注,以及周、程、张氏之微言,朱子所尝论定者"。在书院中讲授的,有不少是著名的学者。仅据《宋元学案》记载,就有太极书院的赵复、鲁斋书院的同恕、齐山书院的贡奎、明经书院和道一书院的胡炳文等。值得注意的是,元朝有的书院还教授其他学科。如濮州历山书院设有医学,南阳府博山书院设有数学、书学,鄱阳县鄱江书院设有蒙古字学。这在元朝书院中是颇具特色的。

总之,由于元朝对书院采取保护、提倡和加强控制的政策,元朝的书院一方面在数量上得到了较大的发展,遍及全国;另一方面,官学化的倾向越来越严重,许多书院甚至已完全被纳入地方官学系统,与路、府、州、县学一样,成为科举的附庸,丧失了书院淡泊名利、志在问学修身的初衷。尽管如此,元朝的书院对于当时文化教育的普及、理学的传播和人才的培养,仍发挥了积极作用。

蒙学教育的盛行

《周易·蒙卦》中有"蒙以养正,圣之功也",因此,在中国封建社会时期,一般将8~15岁儿童的教育阶段称为"蒙养"教育阶段,对儿童进行启蒙教育的学校称为"蒙学",所用的教材称为"蒙养书"或"小儿书"。

我国古代历来关心儿童的启蒙教育。早在殷周时期,就已经为贵族子弟设立了小学。春秋战国时期,随着私学的产生,民间也开始出现对儿童进行启蒙教育的机构。汉代时,这种机构已渐趋成熟,称作"书馆",教师称"书师",规模较大,肄业学童多达"百人以上"。宋元时期,是我国古代蒙学发展的一个重要阶段,不仅在数量上得到了发展,而且在教育内容、方法以及教材等方面,形成了自己的特点,对后来明清时期的蒙学教育产生了重要影响。

宋元时期,蒙学教育得到较大发展,在全国城乡设立了不少蒙学。当时的统治者重视蒙学教育,曾多次下令在中央和地方设立蒙学。因此,宋元的蒙学就其设立的性质而言,不仅有民间办的私学,而且有政府办的官学。

宋元时期蒙学教育的基本内容，包括初步的道德行为训练和基本的文化知识技能学习。朱熹说得很明确，蒙学的任务是"教以事"，即"教人以洒扫、应对、进退之节，爱亲、敬长、隆师、亲友之道"，以及"礼、乐、射、御、书、数之文"。因此，蒙学每日的功课一般主要是教儿童儒家六义，同时向他们进行基本的道德观念和道德行为习惯的培养。

宋元蒙学在长期的教学实践中，积累了一些成功的经验，最突出的有以下三点。

第一，强调严格要求，打好基础。蒙学教育是基础教育，在这个阶段严格要求，打好基础，对于儿童日后的发展会长期起作用。因此，宋元蒙学教育十分强调对儿童进行严格的基本训练。例如，在生活礼节方面，要求儿童居处必恭，步立必正，视听必端，言语必谨，容貌必庄，衣冠必整，饮食必节，堂室必洁等。在学习方面，要求儿童读书必须字字响亮，"不可误一字，不可少一字，不可多一字，不可倒一字"，且要熟读成诵；写字必须"一笔一画，严正分明，不可潦草"，而且尤为重视良好学习习惯的培养。如要求："凡读书，须整顿几案，令洁净端正。将书册整齐顿放，正身体，对书册，详缓看书，仔细分明读之。""凡书册，须要爱护，不可损污皱折。""读书有三到，谓心到、眼到、口到。"良好的生活、学习习惯一经形成，不仅有利于儿童的成长，而且会使他们终身受益。

第二，重视用《须知》《学则》的形式培养儿童的行为习惯。蒙学阶段的儿童可塑性大，为了培养儿童的行为习惯，宋元时期的教育家制订了各种形式的"须知""学则"等，作为规范儿童行为的准则。如朱熹的《童蒙须知》，对儿童的衣服冠履、语言步趋、洒扫涓洁、读书写字、杂细事宜等都做了条文式规定。程端蒙、董铢的《学则》，也对儿童生活、学习的各个方面提出了要求。这些规定和要求虽不免繁琐，且有压抑儿童个性发展的弊端，但使儿童的一言一行、一举一动都有章可循，有规可依，对于培养他们的行为习惯，有一定的积极作用。

第三，注意根据儿童的心理特点，因势利导，激发学习兴趣。蒙学阶段的儿童活泼好动，宋朝教育家已经注意到儿童的这个特点，积极引导，唤起他们的学习兴趣。

程颐曾说："教人未见意趣，必不乐学。"朱熹亦主张用历史故事、道德诗歌教育儿童，并开展"咏歌舞蹈"等文娱活动，以引起他们的乐趣，增加他们学习的自觉性，达到"习与智长，化与心成"的境界。在他为儿童编写的教材《小学》中，充分体现了这一主张。他在书中辑录了"古圣先贤"不少格言、故事、训诫诗，激发儿童的学习兴趣。同时，他们又根据儿童记忆力强，理解力弱的特点，强调对学习内容要熟读牢记。这些经验都值得我们重视。

宋代的识字课本

北宋时编的《百家姓》和相传为南宋王应麟编的《三字经》（一说是宋末区适子所撰），是两种流传较广的以识字教育为主的综合性识字课本。

《百家姓》是集汉族姓氏为四言韵语的蒙学课本，作者佚名。全篇从

"赵钱孙李"始，为"尊国姓"，以"赵"姓居首。全篇虽是四百多个前后并无联系的字的堆积，但由于编排得当，亦极便于诵读。不仅为孩童提供识字条件，而且提供全国姓氏的基本知识。

《三字经》自宋编成后，经明、清陆续补充。全书从论述教育的重要性开始，开头是"人之初，性本善。性相近，习相远"，然后依次叙述三纲五常十义，六谷六畜七情，四书六经子书，历史朝代史事，最后以历史上奋发勤学、"显亲扬名"的事例作结，把识字、历史知识和封建伦理训诫熔为一炉。《三字经》"分别部居，不相杂厕"，全为三言，开三言韵语蒙书的先例，且句法灵活，语言通俗，是中国古代最著名的蒙学课本之一。

《百家姓》《三字经》和《千字文》曾合称"三百千"，成为相辅相成的整套启蒙识字教材，一直流传到清末。后世曾有不少对《百家姓》《三字经》的改编本，但都未能较久、较广地流传，没能取旧本而代之，可见旧本在群众中的影响，也可见旧本的文字功力。后来，《百家姓》《三字经》还被译成少数民族文字，供儿童学习汉文之用，有的还流传到别的国家。

建安印书业的兴盛

南宋时期，建安（今属福建省南平市）印书业兴盛，成为刻书中心之一，并长盛不衰，一直延续至元、明两朝。直到明末清初，因受兵燹之灾，建安刻书事业始告衰弱。

建安一带书坊出的书，世称建本或麻沙本（以纸张多出自麻沙镇，故名）。其著名书坊有建安余氏勤有堂、黄三八郎书铺、陈八郎书铺、建阳麻沙书坊、建宁书铺、建安江中达群玉堂、巢川余氏等，遍及建安、建阳各地，极一时之盛。建安余氏勤有堂，父子相传，营业数十世，自北宋至明代历经数百年不衰。

"四书"成为标准教科书

北宋时期，儒学在理学家的带动下，又开始兴盛起来，民间掀起了授徒讲学之风。在教材的选定上，理学家们依照自己的理解，特地从关于礼仪制度的典籍《礼记》中抽取出《大学》《中庸》两篇，并为之作注，以教授生徒。南宋时，理学的集大成者朱熹于公元1177年完成了《论语集注》和《孟子集注》后，又于公元1189年完成了《大学》《中庸》的集注。直到绍熙元年即公元1190年，他在福建漳州做官时，才首次把这四书连同自己的集注，汇集成一本，刊行于世，称为《四书章句集注》（简称《四书集注》），"四书"之名从此确定下来。

《大学》相传是孔子弟子曾参的著作，主要内容是提出三纲领和八条目。三纲领是"明明德""亲民""止于至善"，是儒家学者追求的。八条目是"格物""致知""诚意""正心""修身""齐家""治国"和"平天下"。八条目的核心内容是"修身"，"自天子以至于庶人，壹是皆以修身为本。"八条目中的前四条是修身的方法，后三条则是由"修身"发出来的，以"修身"为基础、前提。《大学》对八条目的逻辑先后关系做了详尽的阐释。提出了"挈矩之道"，要求统治者从自身做起，推己及人。《大学》所教的对象是"欲明明德于天下"的"大人"，被朱熹解释为"大人之学"。朱熹对《礼记》的《大学》原篇的章句顺序做了部分调整，并把"格物"释为"即物穷理"，奠定了他"理学"修养方法的基础，体现了他理学的特色。

《中庸》相传是孔子孙子子思的著作，朱熹说它是为"孔门传授心法"。子思被后世颂为"述圣"。《中庸》认为，人性是"天"赋予的，因此，人伦之"道"以及修道的"教"都是本于"天道"的，而"天道"就是"诚"，它把"诚"视作世界的本体，学者修道就是要体证这个"诚"。它还发挥了孔子"执两用中"的方法论，肯定了"中庸"是道德行为的最高标准。朱熹释"中"为"不偏不倚"，释"庸"为"不变不易""平常"。书中还提出了"博学之、审问之、慎思之、明辨之、笃行之"的治学方法。朱熹认为《中庸》承继了尧舜以来道统的真传，对于驳斥当时似是而非的异端极为有功。

《论语》是孔子弟子及再传弟子所记的关于孔子的言行的语录体散文，保存了孔子的哲学、伦理、政治思想，特别是道德教育思想及道德实践方法，提出了以"仁"为核心的伦理学说。《孟子》是战国时期孟轲及其弟子所著，它发挥了孔子的"仁"学思想，主张性善论，提出"配义与道"以"养浩然之气"的修养方法，以实现"尽心知性以知天"。政治上主张扩充"不忍人之心"的"仁政"，首次提出"民贵君轻"的民本思想。《论语》《孟子》自汉始已为学者重视，作为教材使用。

朱熹之所以把四书汇集起来并作集注，是因为他认为读四书较读传统的《诗》《书》《礼》《乐》《易》《春秋》六经，"用功少而收效多"。他曾经说：《诗经》在孔子时，小孩子都会吟诵，而今天的老生宿儒都很难理解，是不宜作为现今的重点教材的。他认为做学问就须先穷理，而"穷理必在于读书"，而四书"义理"丰富，又易读，所以读起来效率高。他曾经把《春秋》等经比作"鸡肋"，所以他主张先读四书，"四书治，则群经不攻而治矣"。对于四书的学习顺序和意义他也有论述，他说："先读《大学》以定其规模，次读《论语》以立其根本，次读《孟子》以观其发越，次读《中庸》以求古人之微妙处。"

朱熹在"避佛老"的过程中吸收佛道的思想，完成了有特色的"理学"体系，为儒学建立了宇宙论、本体论基础，与孔孟的原始儒学是有所不同的，被后世称为"新儒学"。朱熹的理学特色在《四书集注》中得以充分体现。总体来说，他继承了孔孟的核心思想，同时发展了它，使道德实践方法变得更为明晰、精微。朱熹的理学对于儒学的继承与传播是有功的。对于其后的学术思想及文化传统等具有极大的影响。当然，这种影响力是借助统治阶级对理学的推崇的。朱子的理学在其生前及逝世后曾遭到短暂的禁止，但其价值很快重新为统治阶级所认识。南宋宁宗时，把《论语集注》和《孟子集注》列入官学教材，元朝时，科举考试试题必须出自《四书集注》，并要求考生答题时以程朱理学的观点阐述。明清两代都以《四书集注》作为从朝廷到地方官办和私办的一切学校的最基本教材以及科举考试的标准答案，"四书"及朱子的《集注》，成为标准的教科书，是封建社会晚期广大知识分子必读的书目。

宋元宫廷音乐教育

元代宫廷的音乐教育活动,主要反映在为实施雅乐而进行的音乐传教活动方面。《元史·礼乐志》记元代的宫廷雅乐活动时称:"若其为乐,则自太祖征用旧乐于西夏,太宗征金太常遗乐于燕京,及宪宗始用登歌乐祀天于日月山。"元代统治者在建国之始,便已注意雅乐的应用,并通过音乐教习活动使礼乐皆备。据《元史·礼乐志》记载,元世祖在以"元"为国号的前两年便已经"肄习朝仪",恢复雅乐,为开国典礼做准备。操持此事的太保刘秉忠奉元世祖忽必烈旨,"搜访旧教坊乐工,得杖鼓色杨皓、笛色曹楫、前行色刘进,教师郑忠。依律运谱,被诸乐歌,六月而成,音乐克谐,陈于万寿山便殿,帝听而善之"。这种恢复雅乐的行动,必然伴随音乐的传教行为。对此,《元史·礼乐志》中几乎对元立国前后历代宫廷中每一次制作雅乐的行为以及相伴的音乐教习行为都有记录。如:

(元太宗)十一年(1239),元措奉旨至燕京,得金掌乐许政、掌礼王节及乐工翟刚等九十二人。十二年夏四月,始命制登歌乐,肄习于曲阜宣圣庙。

宪宗二年（1252）三月五日，命东平万户严忠济立局，置冠冕、法服、钟磬、笋簴、仪物肄习。五月十三日，召太常礼乐人赴日月山。……三年，时世祖居潜邸，命勾当东平府公事宋周臣兼领大乐礼官、乐工人等，常令肄习……

（至元）三年（1266），初用宫悬、登歌乐、文武二舞于太庙。……太常寺以新拨宫悬乐工、文武二舞四百一十二人未习其艺，遣大乐令许政往东平教之。……秋七月，新乐服成，乐工至自东平，敕翰林院定撰八室乐章，大乐署编运舞节，俾肄习之。

（仁宗）延祐五年（1318），命各路府宣圣庙置雅乐，选择习古乐师教肄生徒，以供春秋祭祀。

如此等等，不一而足。

据《元史·礼乐五》记载，元宫廷礼乐机构中，"大乐署，令一人，丞一人，掌郊社、宗庙之乐。……前祭之月，召工习乐及乐舞。……乐正二人，副二人，掌肄乐舞，展乐器，正乐位。……乐师一人，运谱一人，掌以乐教工人"。其他与宫廷礼乐活动有关的机构亦有多种，其中也有各类音乐教习行为。

扩展阅读 宋徽宗与宋代画院

北宋末年，徽宗赵佶重视绘画艺术。在他统治期间，丰富皇室收藏，扩充翰林图画院，完善画院体制，提高画院地位，改善画家待遇，形成一时之盛，出现了两宋画院中最为繁荣昌盛的局面。

为了培养宫廷绘画人才，徽宗于崇宁三年（1104）设立画学，隶属国子监，成为国家培养画家的最高学府。画学共分六科，即佛道、人物、山水、鸟兽、花竹、屋木。

宋徽宗不但自己作画，还指导画院的学生学习。他对于画院的花鸟画，特别强调描绘对象的真实性，比如他要求画月季花，要表现出四时朝暮花蕊枝叶的不同；画孔雀升墩，要看清楚先举左腿还是先举右腿。所以，宣和画院的花鸟画受到这一要求的影响，多崇尚细腻生动的画风。至于他的作品，则多为水墨花鸟画，描绘工细入微，设色匀净，富丽典雅，笔墨精妙，神形逼真。赵佶的传世作品很多，如《瑞鹤图》《芙蓉锦鸡图》《柳鸦芦雁图》等，这些作品风格多样，艺术水准精湛绝妙。

在书画保护方面，赵佶对宫内的旧藏进行重新装裱，并为书画题写标签；同时，对一些古代绘画资料进行临摹复制，如摹制《虢国夫人游春图》等。在书画利用上，赵佶曾举行一次盛大的内府收藏书画展览大会，邀王公大臣集体观赏。他还用古书画进行教学，培养画家。他每隔十天，即命太监将御府的图轴两匣押送到画院，让学生观摩学习。

在整理著录方面，赵佶令人将宫内收藏的书画编摹成《宣和书谱》和《宣和画谱》两部书。《宣和书谱》按帝王诸书和篆、隶、正、行、草五种书体，记录了一百九十七名书家小传及一千二百四十余件书法作品。《宣和画谱》分道释、人物、宫室、番族、龙鱼、山水、鸟兽、花木、墨竹、蔬果十门，记录了二百三十一名画家小传及六千三百九十六幅作品。这是我国第一部较为完全系统地记载宫廷书画收藏的书，在中国书画史上占有重要地位。

宋徽宗注重画院，兴办画学，推动了中国美术事业的蓬勃发展。

第四章 印刷时代——宋元印刷文明的发展

印刷术是中国古代四大发明之一。古代的印刷术分为雕版印刷术和活字印刷术。宋代是我国古代科学技术发展的辉煌时代,在这个时代的影响下,印刷技术以及造纸、制墨技术,也都达到了很高的水平。

两宋印刷文明背景

北宋建立以后，虽然阶级矛盾和民族矛盾都很尖锐，但还是施行了一系列有利于缓和阶级矛盾、恢复经济、发展生产的政策，从而使全国的农业、商业和手工业等都很快繁荣和发展起来。在这种形势下，一大批商业、手工业集中的城市在各地出现。从宋代的画卷《清明上河图》中，我们可以看到北宋京城汴京街市的繁荣景象。

南宋虽偏安江南，但也处于长期的稳定环境，再加上南方的物产丰富，农业、手工业和矿业日渐发达，经济繁荣。由于加强了水利的兴修，福建、两浙、川陕等地连年丰收。在长沙一带，南宋初年有连续三十八年的丰收，所谓"斗米二三钱，县县人烟密，村村景物妍"，就是描写当时的情景。南宋的京城临安，在北宋时有人口四五十万，南宋时增加到一百二十多万，成为当时世界上人口最多的城市。经济的繁荣，社会的相对稳定，使南宋的文化、教育和出版印刷事业，都大大超过了北宋。宋代仍推行唐以来的科举取士制度，而且范围扩大，不论门第出身，只要考试合格都可入选取得一官半职。这种制度激发中、下层人民的子弟读书求学的愿望，促进了教育事业的发展。在中央有太学、律学、宗学、武学、算学、道学等，在地方有州学、府学、军学、县学。分布在各地的书院，往往请名家执教，成为一个地区的最高学府，最有名的是庐山的白鹿洞书院、衡州的石鼓书院、长沙的岳麓书院、商丘的应天书院，号称四大书院，造就了一大批宋代的学者和有名的官员。民间的私人办学也很发达，不少农、商大户都办有家族私学，以培养自己的子弟。在广大乡村，由富户出资办学的风气也很盛行。

两宋教育事业很发达，政府和民间办学之风大兴。教育的发展，学生人数的增加，对书籍的需求量大增，这又促进了出版印刷事业的发展。凡教育发达的地区，印刷业也很发达，这几乎成了一种规律，也说明教育对印刷业的影响。

在南宋，藏书的风气也很盛，各类学校都藏有一定数量的书籍，特别是政府办的州学，一般藏书量很大。士大夫阶层，更是家家藏书，在当时藏书已成一种风气。仅在湖州一地，家藏万卷书的就有七八家。这种藏书风气的形成，与教育事业的发展、出版印刷的发展，以及社会文化的发展都有密切的关系。

教育事业的发展大大提高了全民族的文化素质，也促进着社会经济、文化的发展。虽然教育的发展与当时科举制度的刺激有关，但毕竟只能是少数人爬上做官的阶梯，大批有文化的人流落在社会上，其中有相当一批人成为商人或手工业者，他们有一定的阅读能力，各种诗词歌赋、启蒙读物、历史故事，都有读者，这些民用书籍的出版印刷业应运而生。

在宋代，科学技术、文化艺术以及历史哲学等著作都十分繁荣。在文学方面产生了一大批历史上有名的作家，无论在数量上还是质量上，都达到历史的高峰。史学著作也很繁荣，最有名的有薛居正等的《旧五代史》，欧阳修等的《新唐书》《新五代史》，司马光的《资治通鉴》等。

第四章 印刷时代——宋元印刷文明的发展

丛书类有王钦若等的《册府元龟》，李昉等的《太平御览》等。科学技术著作和医学著作也层出不穷。宋代的这些著作，在当时几乎大部分进行了印刷。这也是宋代印刷业繁荣的一个重要原因。

在北宋中期以后，逐渐形成了一种印书的社会风气。这些风气的形成，与当时的政治、经济和社会文化有着一定的联系。除了政府大量组织印刷书籍，民间印书作坊的兴盛，在士大夫阶层，也出现了一种刻书热。一方面他们把刻书作为一种风雅，更多的人则是刻印自己的著作。有的富户或官员家中，经常雇请一批工匠，进行刻版印刷。这从另一个侧面促进了印刷业的发展。

雕版印刷技术的成熟

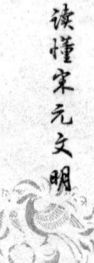

隋末唐初发明了雕版印刷术，到了宋初已有三百多年的历史。在这个历史过程中，印刷开始由少数人使用发展到由更多的人使用；印刷的品种由单页、简单的印刷品，发展到印刷大部头的书籍；印刷质量也由早期的粗拙，逐渐走向精细。

纸、墨、刻、印是雕版印刷的四大要素，宋代印刷业的繁荣，得力于这四个方面的共同发展、相互促进。再加上宋人对书稿的认真校勘，刻印得一丝不苟,使宋版书受到历代藏书家的称赞。明代谢肇淛在《五杂俎》中说:"书所以贵宋版者,不惟点画无讹,亦且笺刻精好,若法帖。"明代高濂在《遵生八笺》中说:"如宋元刻书,雕镂不苟,校阅不讹,书写肥细有则,印刷清朗,况多奇书……故此宋刻为善。"明代屠隆在《考槃余事》中说:"宋书,纸坚刻软,字画如写,用墨稀薄,虽着水,湿燥不洇迹,开卷书香自生异味。"清代孙从添在《藏书纪要》中说:"南北宋刻本,纸质罗纹不同,字画刻手古劲而雅,墨气香淡,纸色苍润,展卷便有惊人之处。所谓墨香纸润,秀雅古劲,宋刻之妙尽矣。"清乾隆帝在评价宋版书时也说其"字体浑穆,具颜柳笔意,纸质薄如蝉翼,而文理坚致",在评价宋宝元二年印刷的《唐文粹》时说:"观其校之精,写之工,镂之善,勤亦至矣……字画工楷,墨色如漆。"明代王世贞说:"班、范二《汉书》,桑皮纸,白洁如玉,四傍宽广,字大如钱者,绝有欧柳笔法,细书丝发,墨色精纯,盖自真宋朝刻之秘阁。"以上各家对宋版书的评价,概括起来,就是校、写、刻、印、纸、墨皆精,这从一个侧面反映了宋代的刻版、印刷、造纸、制墨等技术工艺,都达到了很高的水平。

宋代的雕版印刷业有以下四个方面的特点。

第一,政府很重视图书雕印业,建立了一整套官刻机构,社会上形成了官刻、私刻和坊刻三大雕印系统。

五代冯道主持雕印《九经》,开官刻之先。但是,这仅仅是官家刻书的开始,也可以说是一次刻书举动,没有形成制度。而到了宋代,政府则把雕印图书看成是一项经常性的工作,成为一项事业,并大力发展。

宋代,在继承了五代国子监刻经举动的基础上,官家刻书发展成中央和地方政府两大官刻支系。中央政府雕印图书,由国子监主持。它是国家最高学府,也是国家文化教育和出版业的管理机关,同时又是中央藏书

和刻印图书的主要机构。国子监雕印的图书称为"监本"。除国子监，宋代中央政府刻书的机构还有崇文院、秘书监、司天监、太史局和校正医书局。宋代地方政府的图书雕印系统，是逐渐发展起来的，到南宋才兴盛起来。地方官府中从事雕印图书的机构有各路使司，如公使库、茶盐司、漕运司、转运司、仓台司、计台司、安抚司、提刑司，以及州学、军学、郡学、县学。这些地方政府机构都雕印了不少图书。其中尤以公使库雕印的图书为最多。南宋地方上的许多公使库设有印书局，长年开展雕印业务。

坊刻，是指书坊刻书。书坊是刻书兼卖书的民间作坊或店铺。坊刻大约起源于唐末，但形成规模并发展成社会上的雕版印刷业系统，则是在宋代。唐五代雕印图书的坊肆数量少，有些店铺是只卖书并不雕印。到了宋代，雕印业迎来了大发展，书坊增多，规模扩大，且大都印售兼营，在社会上形成了带有亦工亦商性质的行业系统。书坊也称书肆、书林、书堂、书铺、经籍铺。由书坊雕印的图书称坊刻本、书坊本或书棚本。书坊刻书与一般私人的偶尔刻书行为不同，是以印售图书为业的。书坊刻书在图书雕印业中开始最早。印刷术一发明，也就有了私刻和坊刻，但坊刻发展比私刻快，刻书的地域分布比私刻和后来的官刻更广，刻书量也最大。书坊本是古代商品图书流通的主体。官刻、私刻是在坊刻的影响带动下发展起来的。坊刻是发展和推广印刷术的主力，对我国古代印刷技术的提高和普及做出了很大的贡献。

宋代刻售图书的坊肆遍布全国各地。不少书坊已经不仅仅是以一家之力来经营雕印销售业务了，而是雇佣写刻工匠，增强生产力量，出现了一大批颇具规模的书业店铺。有些坊肆还专门聘人编撰新书，集编、刻、印、售业务于一身，把图书的生产和销售搞得很有声色。宋代的坊肆雕版印刷业具有坊家多、规模大，刻书新颖而快速、刻书量大且销售广泛等特点。

私刻，也称家刻，是指私人出资雕印图书。从出资、出力这一点上看，私刻与坊刻相同，都是以私家财力雕印图书，不同在于，私刻不是以刻书为业，不为营利，而大多是为了传播学术或宣扬家学。由于刻书人多以自己崇尚的学问和家誉为重，所以都采用经过精选的善本作为底本，写、刻、印也都格外精细，刻印本的质量一般比较高。宋代私家雕印图书已很兴盛，特别是南宋时期，私刻更为普遍。

第二，分布地域广，几乎遍布全国。南宋时分天下为十五路，几乎路路都有雕印业。在遍布全国的雕印业中，以四川、浙江、福建和北宋首都汴梁最为兴旺，号称四大刻书中心。

第三，雕印图书品种多，印刷量大，内容广涉经、史、子、集各类。

据估计，宋代雕印的图书有几万部之多。明代奸相严嵩被劾失势时，离宋已近三百年，但从他家抄出的宋版书尚有六千八百五十多部。七百多年后的今天，国内外所存宋版书还有一千部左右。

第四，雕印技术成熟，出版印刷讲究，质量很高，为后世提供了经验，树立了样板。

宋代雕印业的大发展，促进了雕印技术的提高，使得图书的写版、刻版、印刷、装帧质量都达到了近乎完美的地步，甚至在许多方面，明清时尚有不及其优秀之处。在版式设计上，宋版书为后代提供了样板，基本上形成了制度。从书的文物性和学术性角度来看，宋版书的价值自不必言，而从雕印技艺上讲，宋本也是历代古版本中的上品。

从写版看，宋代雕印的图书用字非常讲究，多采用唐代大书法家的字体，例如欧阳询、柳公权、褚遂良、颜真卿等人的书体。众所周知，正是唐代的这些著名书法家把楷书艺术推向了高峰，从而使楷书发展成熟。采用这些风格各异的楷体上版印成的图书，自然是舒展、大方、醒目、美

第四章　印刷时代——宋元印刷文明的发展

观。可以说，今天能见到的宋版书，无论是官刻、私刻或坊刻，其写版都是书书、页页、字字不苟，堪称艺术品。这一点则常常是许多明清时期的版本不能与之相比的。

毕昇与活字印刷术

北宋再次统一了中国，结束了五代十国历时几十年的分裂割据局面。这种相对稳定的社会环境，再加上宋政府推行的较为开明的政策，使社会的经济和文化都很快发展起来。商业、手工业的繁荣和发展，科举制度的改进，都为印刷业的发展创造了良好的环境。已经使用了几百年的雕版印刷，这时才出现了繁荣昌盛的局面。印刷业的发展，也促进了造纸业的发展，据《宋史·地理志》记载，淮南路的真州，江南路的池州、徽州，两浙路的婺州、衢州，成都路的成都府等地，都是当时造纸的集中地。

雕版印刷不但在数量上呈现繁荣昌盛的局面，而且在雕版技术、印刷质量上达到了很高的水平。但是雕版印刷毕竟工程浩大，要雕印一部书需要耗费很长的时间，这对大量快速地出版书籍，无疑是一个很大的限制。在这种历史条件下，人们希望能有一种更快的方法印刷书籍，这就促成了活字版的发明。

北宋庆历年间（1041—1048），印刷史上的伟大发明——活字版诞生了。这一伟大发明的创造者就是毕昇。

关于毕昇的生平事迹和他的发明经过，除了沈括在《梦溪笔谈》一书中的记载，找不到其他文献资料。沈括只说他是个布衣，籍贯及生平一点都没有交代。布衣即没有做过官的普通百姓。关于毕昇的职业，以前曾有人进行过各种推猜，最为可靠的说法是，毕昇应当是一个从事雕版印刷的工匠。因为只有熟悉或精通雕版技术的人，才有可能成为活字版的发明者。毕昇在长期的雕版工作中发现，雕版的最大缺点就是每印一本书都要雕一次版，不但要用较长的时间，而且加大了印刷的成本。如果要保存印过的雕版，往往要用几间房子。如果改用活字版，只需雕制一副活字，则可排印任何书籍，活字可以反复使用。虽然制作活字的工程大一些，但以后排印书籍十分方便。正是在这种启示下，毕昇才发明了活字版。

关于毕昇的籍贯，沈括也没有交代，我们只知道毕昇死后，他制作的泥活字为沈括的侄子收藏。从这一点我们推测，毕昇和沈家或者是亲戚，或者是近邻。沈括是杭州人，毕昇可能也是杭州人。杭州是当时雕版印刷较为发达的地区，活字版在这里发明，也是符合历史规律的。

毕昇是用胶泥为原料制作活字，其厚度近似铜钱，刻好字后用草火烧过，使其更为坚固，实际上成为陶质活字。毕昇的排版方法是：先设一铁板，在上面布一层松脂、蜡和纸灰之类的混合物，再将一铁范放于铁板上，即可将活字整齐地排放于铁范内。排满一铁范后，将铁板放于火上烤热，待松脂熔化后用一平板将活字压平，这一方面可以保证字面平整，便于印刷，也可使活字牢固地附着于铁板上。为了使排版和印刷连续不断地进行，可以设置两块铁板，一板印刷时，用另一块铁板排版，上一板印完时，这一板已经排好，这样使两个工序都能不间断地生产，从而大大提高了工作效率。为了满足排版的需要，毕昇所制活字每字要做几个，对使用频度较高的"之""也"等字,每字则要做二十多个。毕昇的活字存放方法,是将活字按韵的顺序贴在纸上,存于木格内,以备使用。这种按音韵顺序存放活字的方法,也是毕昇的一大创举,这种方法后来一直沿用到清代。

王祯与木活字印刷

王祯木活字印刷法大致是"造板木作印盔,削竹片为行,雕版木为字,用小细锯锼开,各作一字,用小刀四面修之,比试大小高低一同……使坚牢,字皆不动,然后用墨刷印之"。从技术史的角度来看,《农书》所载的木活字印刷术已与现代的活字印刷术相差无几,后世的木、泥、锡、铜等活字印刷术虽然在材料使用及制作技术上有所改进,但基本上依然是王祯木活字印刷范式的延续。

1. 木料的选用与处理

木活字的选料与雕版相同,多用梨木、枣木或其他木质软硬适中、纹理较为细腻、易于刻制的木材。制作时将木料锯成厚薄相同的木板,阴干后刨至厚度一致。

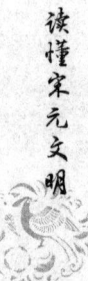

2. 写韵刻字

先按照监韵内可用字数，分为平（由于字数较多，又分为上平和下平）、上、去、入五部分，按照各个分韵选择要用的字，校勘字样并抄写下来。选善书者根据活字的大小，将挑选出的字样分门别类地抄写好。

将抄写好的书样用糨糊平整地反贴在刨平的梨或枣木板上，令工匠刊刻。刊刻时每字之间预留出锯缝，以备将来锯截。像语助词"之""乎""者""也"及数目字等常用字各分为一个门类，并多写多刻一些备用，总数超过三万。

3. 锼字修字

刊刻之后，用细齿小锯沿着每个字的四周小心地锯成一个个独立的木活字，盛放在筐子等器物内。然后用小裁刀将每个活字的五个面修理平整，修理之前设立一个检测木活字大小的标准物——"准则"，将修理好的木活字一一放在这个准则内进行测量，凡经检验符合要求的另放在字柜或字盘中。

4. 作盔嵌字

将刻好的木活字按照原先的监韵分为不同门类，分装在木盘内。每行字之间用竹片夹住，木盘摆满之后用木屑销紧。然后将木盘放在检字的转轮上，在转轮上用醒目的大字标记出来以便查找。

5. 造转轮

捡字用的转轮一般选用杉木、桐木或柳木等材质较轻且不易变形的木料，轮轴与底座可用橡木、檀木、枣木、棠棣等硬木制造。转轮的直径约为七尺，轮轴高约三尺。底座直接在大木砧上开凿出圆形的轮臼，上面安

装中间开有圆孔的支架。取硬木制成轮轴，轮轴的下端安放在大木砧的轮臼内，中间固定在支架的圆孔中，整个轮轴与轮臼可用木工旋床加工成正圆，这样不但可使轮轴与轮臼配合紧密，而且转动时平稳灵活。在转轮上铺一层竹笆，竹笆上安放装木活字的木盘，木盘按版面上标记的号码依次摆好。转轮一般制成两个，一个转轮上的木活字按监韵的声韵排列，另一个转轮上放置语助词"之""乎""者""也"及数目字等常用的杂字。捡字人坐在两个转轮之间，根据要求推转左右两个转轮，便可以很方便地找到需要的活字。活字版印刷完毕后，要将版中的活字重新归类到原来的声韵之内，这样无论是取字还是归字都很方便。

6.检字

把从监韵上抄写下来的字另外抄写一册，册中每面各行各字都标有号数，与转轮上的门类相同。检字时，一人根据声韵喊出号数，一人从转轮的字盘内依号将字取出，放在排版印刷用的木盘内。如遇到原字韵内没有的字，则可让刻工随手刊刻添补。这种在活字上标出数码按号检字的方法，与现代使用的电报码或区位码的汉字编码检字方法几乎完全一致，这种分类法数码与汉字一一对应，没有重码，相当于现代的汉字拼音码的按韵分类检字法，速度更快，准确率也更高。虽然目前我们还不知这种分类法对后世究竟产生了多大的影响，但首先应该承认这是一个十分了不起的创造。

7.排版（作盔安字）

准备一块干燥平直的木板，根据书面的长宽，用木条围成一个方框。将检出的字一行行地排布，待整块版排满，在右边放上竹或木制的界栏，用木屑销紧，使盘内的活字成为一块整版。为了保证印版的平整，每个活字都要修理得高低平正。另外再事先削出许多厚薄不等的小竹片盛放在容器内,遇到版面内活字有倾斜低矮时,将小竹片衬垫在下面,就可使该活字平稳有利于印刷。

8. 印刷

用棕刷蘸墨,沿着界行竖直在版面上将墨刷匀,不可横刷。印版刷好墨后,将印纸平铺在版面上,用干净的棕刷顺着界行印刷,待印版上的墨迹全部清晰地转印到印纸上,将印纸揭起,放在一边晾干。

印刷术促进纸币盛行

宋代的纸币印刷,自宋仁宗天圣元年(1023)决定收归官办之后,前后二百五十多年,先后发行了交子、钱引、小钞、关子、公据、会子,以及地区性的两淮交子、湖北会子等多种。其中流通时间最长的是交子,发行量最大的是会子。交子、钞引和小钞发行于北宋,关子、公据和会子发行于南宋。大致情况是。

1. 交子

交子是最早出现的纸币,起于民间,后归官办。官办交子世称"官

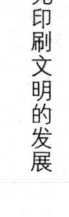

交子"，在四川设有"益州交子务"，于天圣年间开始分届发行。第一届发行一百二十多万贯。按政府发行交子的规定，三年为一届，届满以旧换新，每届发行均照上数。但实际上屡屡超额发行。

天圣年间开始发行的官交子，作为防伪措施，上面盖有两颗官印：一为"益州交子务"，一为"益州观察使"。

2. 钱引

宋徽宗崇宁四年（1105），北宋对纸币进行改革，除四川仍沿用交子外，其他诸路均改用"钱引"，唯福建、浙江、湖广等地例外。后来四川也于大观三年（1109）改交子为钱引。

中国的纸币印刷，从交子发展到钱引，版面图案设计和印制工艺都有较大改进。元朝费著的《楮币谱》对此做了较为详细的记载。彭信威先生在《中国货币史》中介绍说：

每张钱引用六颗印来印制，分三种颜色，这是多色印刷术的开始。第一颗印是敕字，第二是大料例，第三是年限，第四是背印，这四种印都是用黑色。第五是青面，用蓝色。第六是红团，用红色。六颗印都饰以花纹……

可见，钱引较之交子，有着较强的防伪性能，票面的图案设计和印刷工艺技术也复杂得多，尤其是在多色套印方面，尽管还比较简陋，但已有了较大的发展。无论在印钞史上还是在印刷史上，都有着重要意义。

3. 小钞

宋徽宗崇宁五年（1106），政府决定，当十铜钱只在京师和陕西、河北、河东三路继续流通，其余各路的当十铜钱均用纸币收兑回来，用专门印制的名为"小钞"的新纸币取而代之，在各路流通。此次发行的小钞，面额最大者为一贯。

4. 关子

在1985年底举办的安徽省文物珍品展览会上，有一套宋代"金银见钱关子"印版，引起行家们的广泛重视。这套印版是安徽省东至县的废品收购站从农民手中按废品收购来的。东至县地方志办公室闻讯后，将此套印版从废品回收站核价购入，并转给了县文物部门。

这套印版一共8块，铅质，票面版高22.5厘米，宽15厘米，面额为"壹贯文省"。版首饰有花鸟图案，尾部为金、银、铜三质货币图形，额下横书"行在榷货务对椿金银见钱关子"十三字。再下正中竖书"壹贯文省"四个大字。大字左右各竖书三行端楷小字，内容为"金银见钱关子"的行使范围和条例。另外七块版分别是准敕版、颁行版、花纹版和关子库印、监造检查印、富富印和国用见钱关子印等印鉴。

5. 公据

公据印制于南宋高宗绍兴二十九年（1159），使用时间很短。

6. 会子

会子是宋朝发行量最大的纸币，开始也起源于民间，称作"便钱会子"。南宋高宗绍兴三十年（1160）改由政府官办、户部发行。翌年诏令临安府（今杭州）设会子务，仿照四川发行钱引的办法发行会子。

便钱会子又名"便换"，改由户部发行后，最初以"一贯"为一会，后又增发了"二百文""三百文""五百文"。乾道四年（1168）规定三年为一届，但后来出现了两届、三届并行的情况，致使通货膨胀，会子贬值。现存南宋时期通行的"会子"印样，名为"行在会子库"。该版现藏中国历史博物馆，为铜质板材，弥足珍贵。可惜此会子印版只出土一块，未见其他色版面世。

7. 淮交等地方性纸币

宋朝发行的纸币，有不少是在范围较小的区域内流通的地方性纸币。譬如前面述及的限四川通行的钱引——"川引"，就属于在四川通行的地方性纸币。另外，还有限淮南使用的交子，称作"淮交"，限湖广使用的会子，称作"湖会"，都是地方性纸币。其中，通行于两淮的"淮交"，宋孝宗时印数达四百万贯。

在中国历史上，宋朝是重文轻武、备受北方少数民族政权侵扰的朝代。其不仅连年用兵军费不支，而且要向契丹、西夏、女真等政权纳贡，开支巨大，国力不支，不得不大量发行纸币，即所谓天下大计仰给于纸。宋乾道四年（1168），因"蜀远纸勿继，诏即临安府置局，在西湖赤山湖滨，工徒无定额，咸淳时（1265—1274）在者一千二百人"。另外，"临安府会子库，绍定五年（1232）因毁重建。以都司官提领，工匠凡二百四人"。当时以一千二百人造纸，供二百零四人印刷纸币会子，印量之大，可想而知。

宋特殊货币区的形成

宋朝市场上，流通大量的金属货币，有铜钱、铁钱、金和银。这样，在统一的宋王朝内部，划分出不同的货币区，形成了一个又一个特殊货币区。宋代在统一的国家内划分了不同的货币区，分别推行不同的货币制度，在中国历史上是很有特色的。

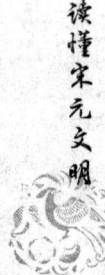

金元纸币的印刷

北宋时期，在北方辽国东北长白山和黑龙江流域，聚居着女真族部落。公元1115年，女真族完颜部领袖阿骨打创建金国，建都会宁（今黑龙江哈尔滨市阿城区）。此后，金国迅速崛起、壮大，公元1125年灭辽，后灭北宋，先后迁都中都（今北京）、开封，形成了以秦岭、淮河为界与南宋对峙的局面。公元1141年，宋金第二次议和后，形势暂趋缓和，农业、手工业得以恢复，金朝的商品经济快速发展。因此，金朝对货币的需求越来越迫切，纸币印刷势在必行。

金贞元二年（1154），金政府决定设立"交钞库"印发纸币"交钞"，先在黄河以南通行，后来逐渐推向全国。其最先发行的纸币"交钞"，分大钞、小钞两种：一贯、二贯、三贯、五贯、十贯，谓之大钞；一百、二百、三百、五百、七百，称作小钞。钞券与钱并行，七年为限，到期纳旧易新。到金世宗大定二十九年（1189），取消七年厘革之限，改为无限期流通。其流通日久、字迹不清者，准向官库以旧换新，但需收工墨费十五文，后改收六文。

金朝的"交钞",由中央政府统一印制,分路管辖发行,通行长达六十年之久。为加强纸币印制与发行的管理,中央政府设置了"印造钞引库"和"交钞库",同时还设有"抄纸房",生产钞引专用纸,由印造钞引库兼管。在发行方面,各路均设有转运司。以上两库和抄纸房,均设有"使、副、判各一员,都监二员"等职官,隶属户部。可见,金朝的纸币印制与发行的机构设置和管理是比较严密和先进的。然而,因金钞既不分届,又经常印发新钞,钞名亦不断更新,这样,各种不同名称的旧钞、新钞在市场上同时流通,其数量越积越多,其值自然越来越低,到元光元年(1222),万贯交钞换不到一张饼。再后,金钞几乎变成废纸,在蒙古和南宋的联合夹击下,金朝灭亡了。

金代立国百余年间,曾发行纸币交钞、贞祐宝券、贞祐通宝、兴定宝泉、元光重宝、元光珍宝等多种。应用最久的是交钞,为印钞史上首创的是绫币元光珍宝。

1. 交钞

交钞自贞元二年(1154)开始发行,与钱并行,八十为百,七年为限,到贞祐三年(1215)改发贞祐宝券,行用六十年有余。其间,于金大定二十九年(1189)变钞法,改无限期通行。既无稳定币值之措施,又无解决出多入少弊端之术,为纸币发行失控大开方便之门。加之金代后期北有强敌蒙古入侵,南有南宋之对峙,军费开支巨大,纸币发行无度,导致交钞贬值严重而不得不废止,另立新钞。

2. 贞祐至元光年间发行的纸币

金贞祐三年至元光二年(1215—1223),短短八年内,发行货币竟达五种之多。其间,贞祐三年(1215)发行"贞祐宝券";兴定元年

（1217），发行"贞祐通宝"，并与宝券并行；元光元年（1222），发行"兴定宝泉"，并与通宝并行；元光二年（1223）发行"元光重宝"；同年，发行"元光珍宝"。值得特别指出的是，金元光二年发行的"元光珍宝"，系以丝织物为承印物的"绫币"，不是纸币。以织物为承印物印制货币，在中国印钞史上，此为首创，在中国印刷术的织物印刷之中占有一席之地，可作为织物印刷之一证，供印刷史研究者探讨。

3. 金代最后发行的纸币"天兴宝会"

金哀宗天兴二年（1233）十月，临近金朝灭亡之时，金政府在蔡州发行了金朝最后一张纸币"天兴宝会"，面值有一钱、二钱、三钱、四钱四种。此币以银两为单位，规定同现钱流转。不过，数月后即随金朝的灭亡而消失了。

元朝印发纸币的情况，可分成四个阶段加以记述。

第一阶段是元世祖入主中原、统一币制之前，曾仿照宋、金二朝，发行纸币。这一时期，政府虽于1253年设立了负责管理纸币印发的交钞提举司，但纸币印发并未统一，由各地分别发行，互不流通。譬如，元太宗八年（1236）发行的交钞，由各地单独发行，互不流通。

第二阶段是入主中原后统一币制、发行中统钞。中统钞分"中统元宝交钞"和"中统元宝宝钞"两种。分别发行于中统元年（1260）初和十月。中统钞是元朝最主要的一种纸币，发行面额共十种。当时发行的中统交钞，以两为单位，交钞"二两"折银一两；中统宝钞，"一贯"等于交钞"一两"，"四两"折银一两。现存最早的古代纸币实物之一，为元中统元宝交钞十文，是交钞中面值最小的一种。到元至元十二年（1275）又增发了名为"厘钞"的小额纸币，有"二文""三文""五文"，计三种。作为印发纸币的金融机构，元政府设有户部印造宝钞库、宝钞总库、

诸路宝钞提举司，各设达鲁花赤一员。又有负责处理废旧钞的昏钞库，设监烧昏钞官。

第三阶段是元世祖至元二十四年（1287）印发"至元通行宝钞"。分"五文""十文""二十文""三十文""五十文""一百文""二百文""三百文""五百文""一贯""二贯"，共十一种，与原发中统钞并行流通。新印发的至元钞的币值是中统钞的五倍，即一贯至元宝钞与五贯中统钞同值。此外，元武宗至大二年（1309）曾发行"至大银钞"，从"二厘"到"二两"，共十三种面额，其值，每两银折至元宝钞五贯。至大银钞印发不久，元仁宗即诏令废止。元代纸币印刷，初用木雕版印刷工艺，从元至元十三年（1276）起改用雕刻铜版印刷。

第四阶段是元顺帝至正十年（1350）印发的"至正交钞"，一贯折至元宝钞二贯，或钱千文。当时系元代行将灭亡之际，此时军费开支巨大，政府筹措无术，靠印发纸币解决，导致纸币滥发无度，贬值极其严重。

元朝对纸币的印刷与发行管理相当严密，它建立了一套世界上最早、对世界颇具影响的纸币流通制度。除管理机构的设置外，还有一系列维护纸币流通的制度、措施。例如，通过买卖金银和集中大量金银于国库作为纸币的准备金维持钞价的稳定。然而，元代穷兵黩武，必然导致纸币增发，纸币贬值日甚一日，通货膨胀恶性循环，最终还是逃脱不了与元王朝共同覆灭的命运。

佛教典籍的大量刊印

进入宋朝以后，佛教典籍的印刷有了一个飞跃。其表现为：一是印刷规模较大的典籍，分布更加广泛，不但寺院刻印佛经，一些印刷作坊也刻印；二是政府重视，能刻印佛经的总集。

宋代建国初期，政府一方面重视收集儒家的经典，一方面着手刻印大藏经。开宝四年（971），朝廷派遣高品、张从信到成都负责雕印佛经总集，至太平兴国八年（983）完成，历时十二年，共雕版十三万块，可见工程之大。后来称这部藏经为"开宝藏"或"蜀藏"，是我国历史上最早印刷的大规模佛经总集。

这部藏经印成后，分藏于南北各大寺院，并赠送西夏、朝鲜、日本、越南，但流传至今的只有几卷。它之所以在印刷史上占有很重要的地位，首先是因为通过这次大部头书籍的印刷，开创了宋代大批量印刷书籍的先例，为宋代印刷业的发展起到了一定的促进作用。同时，对朝鲜、日本等邻近国家的印刷事业，也产生了很大的影响。

除"开宝藏"的雕印外，在福州也进行过两次佛经总集的雕印。一次是于福州城外白马山东禅寺院，由住持慧空大师、冲真、智华、契璋等通过募捐、化缘而雕印的《大藏经》，雕印工作从元丰三年（1080）开始，一般认为崇宁二年（1103）完成。共计五百余函，六千多卷，其数量超过"开宝藏"，可见工程之大。这是历史上第一次由民间集资雕印的佛经总集，历史上称这部《大藏经》为"崇宁藏"或"福州东禅寺万寿大藏"。

在福州进行的又一次大规模雕印佛经的工程，是福州开元寺发起、由民间集资雕印的《毗卢大藏经》。这一刻印工程开始于政和二年（1112），完成于绍兴二十一年（1151），其规模也比"开宝藏"多一千余卷，这是因为加入了宋代新译的佛经。该经卷版式与"崇宁藏"相同，半页六行，每行十七字，经折装。

南宋中期开始，又进行了一次更大规模的佛经刻印工程，这就是著名的"碛砂藏"，因刻于江苏吴县南境陈湖中的碛砂延圣院而得名。寺院创建于南朝梁，北宋乾道年间由道原禅师重建，于南宋绍定四年（1231）设经坊（又名大藏经局），开始刻印全藏，藏主为法忠禅师。元代至治二年（1322）全部刻印完成，共经历了九十一年。"碛砂藏"共六千三百多卷，收录佛经一千五百多种，按千字文顺序编号，每半版六行，每行十七字，经折装，五百九十一函。

为了刻印佛经，碛砂延圣院设立了印刷作坊，称为经坊，经费由施主捐赠。因此，刻版印刷的进度往往与捐赠的数量有关，而进度最快的是端平至淳祐年间，一直到元代才完成，中间几乎没有间断。

崇宁年间（1102—1106），江苏地区刻印的《陀罗尼经》，是一种以图为主、以文为辅的佛教宣传品，它如同今天的连环画，通俗地向人们讲述佛经。这种版面形式对后来的插图书籍有一定的影响。南宋临安府贾官人宅雕印的《佛图禅师文殊指南图赞》，也是一种图文并茂的佛经。《中国版刻图录》中收入的北宋崇宁三年（1104）秀州（今嘉兴和上海的部分地区）刻印的《金刚般若波罗蜜经》，也是保存下来较早的佛教印刷品。

宋代的佛教典籍印刷，在印刷史上占有重要的地位。首先，大批量佛经的刻版印刷，促进了印刷业的发展，造就了一批刻版、印刷的能工巧匠。因为佛教印刷或由政府出资，或由信众捐款，有足够的经济来源，可以保证刻印工匠有较好的收入，吸引了一批人从事刻印行业。第二，佛教印刷品一般配有一定量的插图，也为图版的雕刻培养了人才，特别是一些通俗的佛教宣传品，首创了以图为主或图文并茂的图解形式，对后来的书籍刻版印刷产生了很大的影响。

宋元时期的书籍装帧

印刷术发展到宋代，不但雕版、印刷的技术已十分成熟，而且在书籍装帧艺术上达到很高的水平。其版面的装饰、插图的样式、字体的仿古与创新、文字的行款与疏密、版式的精密构图等方面，都体现了书籍设计艺术的高度发展。

从书籍的装帧形式来说，宋代以前已经使用过卷轴装、旋风装和经折装，这些装帧形式在宋代继续使用。随着书籍印刷量的大增，过去的几种书籍装帧形式，由于在加工上过于费工，也不便阅读使用，需要新的装订形式。在社会这种强烈需求下，蝴蝶装出现了。

蝴蝶装也简称为蝶装，始于唐末五代，盛行于宋元，是册装的最早形式。蝴蝶装的工艺方法是将每张印好的书页向印有文字的一面对折，折线必须在一版中缝的中线上。然后将一卷的书页顺序配集，撞齐后在折叠一边用糨糊逐页粘连，再用一张厚纸粘于书脊，包成书皮，再把三边裁齐，一册蝶装书就装帧完成了。采用这种装帧形式，书页翻开时仿佛蝴蝶展翅飞翔，所以称为蝴蝶装。

蝴蝶装在元代仍是一种很流行的装帧形式。现存的元代印本如《宋史》《辽史》《金史》《南北史》《唐书》《五代史记》《通鉴》《通志》《通考》《玉海》《范文正公集》《梦溪笔谈》等大部头书籍，都是采用蝴蝶装。在元代的文献中，还记载有装订裱褙用糨糊的配方，如元《秘书监志》卷六就记载"裱褙匠焦庆安计料到裱褙书籍物色，内有打面糊物料，为黄蜡、明胶、白矾、白芨、藜蒌、皂角、茅香各一钱，藿香半钱，白面五钱，硬柴半斤，木炭二两"。由于焦庆安是宋末元初人，这个配方应为宋代的。这个配方中包括了黏合剂、防腐剂和芳香剂，白面、明胶、白芨、黄蜡为黏合剂，白矾、皂角、藜蒌为防腐剂，茅香、藿香为芳香剂。可见，古代在糨糊的配方上，已十分考究。

蝴蝶装是印刷史上书籍形式演变的里程碑，它标志着书籍的形式已发展到新的阶段，开创了册装的历史。这种装订形式，不但加工方便、阅读方便、保管方便，而且适应以版为单位的雕版印刷。《明史·艺文志序》中说："秘阁书籍皆宋、元所遗，无不精美。装用倒折，四周外向，虫鼠不能损。"这里所说的都是蝴蝶装，特别是所称的"装用倒折，四周外向"的方法，更是对蝴蝶装的形象描绘。

当然，在宋代的书籍装订形式中，卷轴装和经折装也还都在使用，特别是佛教印刷品，仍以经折装为主。从北宋雕印"崇宁藏"起，到南宋的

"碛砂藏"，都采用了经折装。

蝴蝶装比起以前的装订形式要方便多了，但是经过一个时期的使用，人们还发现它有不少缺点。由于它是反折，文字印刷的一面都朝里，在阅读时总有一半的页面是没有文字的，这样不但增加了翻页的次数，而且阅读起来很不方便。于是，装订工匠开始研究一种新的装帧形式，这就是包背装。

包背装大约出现于南宋末，它的特点是将印好的书页沿中缝的中线处正折，即折好的书页印刷面朝外，和蝴蝶装相反，折缝为外书口，另一边为订口。折好的书页将一卷按顺序配页，沿折口处撞齐，用纸捻订住并砸平，并将书脊一边及上下口裁齐，再用一张厚纸（或裱好的纺织品）粘于书脊，把书背全部包起来，剪齐上下两边余边，一册包背装的书籍就算完成了。南宋后期，这种装订形式基本上已经被普遍使用了，一直沿用到元明时期。

包背装既消除了蝴蝶装阅读不便的弊病，又保留了蝴蝶装书背粘连的优点，再加上用纸捻穿订，书皮包裹，使书本更加牢固。这种方法很快得到普及，从元初到明代中期，成为最流行的书籍装订形式。

近年，从山东邹县明鲁王墓出土的书籍看，就有元至元十八年（1281）日新书堂刊印的《朱文公校昌黎先生文集》五册、至元二十四年（1287）武夷詹光祖月崖书堂刊印的《黄氏补千家集注纪年杜工部诗史》二册、大德十年（1306）前的《通鉴》、至正二十二年（1362）武林沈氏尚德堂刊印的《四书集注》二册，全采用包背装。

元代在书籍装订方面除继续使用传统的卷轴装、经折装和蝴蝶装外，最大的改进是使用包背装。卷轴装和经折装主要为佛经采用，一般的书籍则多用蝴蝶装。卡特在《中国印刷术的发明和它的西传》一书中认为，在吐鲁番发现的印本佛经中，除了少量的采用卷轴装和贝叶经式的装订，一般以折叠本为主（所谓折叠本即经折装）。

至于线装，过去许多人都认为起自明代中期，但根据一些史料记载，在宋代也有人使用过线装。南宋初年的张邦基在其《墨庄漫录》卷四中说："王洙原叔内翰常云，作书册粘叶为上，久脱烂，苟不逸去，寻其次第，足可抄录。屡得逸书，以此获全。若缝绩，岁久断绝，即难次序。初得董氏《繁露》数册，错乱颠倒。伏读岁余，寻绎缀次，方稍完复，乃缝绩之弊也。"这段话说明，在张邦基之前，就有用线缝书籍的方法，可能是由于工艺上的原因，用线缝的书籍反不如粘背的方法牢固，所以未能推广开来。但这也说明，在南宋初，就有人使用过线装书籍的方法。只是由于工艺上还不成熟，缺点较多，未能推广。

扩展阅读　宋代的报纸

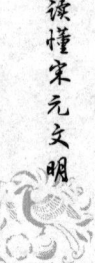

宋代，我国古代报纸得到迅速发展，不仅中央和地方两级官报成为各级官吏和士大夫的必读之物，小报也应运而生，且发挥着越来越重要的作用。

中国最早的报纸是唐代的"进奏院状"，也称邸报，由各藩镇派驻京师的进奏官根据政府发布的"报状"抄传编发，是藩镇传报朝廷消息的一种地方性官报。宋初中央集权进一步强化，进奏院被改为直属中央政府的行政机构，朝政大事由其"眷报天下"，发布的"进奏院状"便上升为中央一级的官报，发行到地方后，各州进奏吏再据其内容要点编发"邸抄"或"邸报"。这样，便出现了中央和地方两级报纸。南宋，中央官报称"朝报"，且每日发行，新闻时效性较强。

宋代官报内容除了一般诏旨章奏，还报道宫廷生活、仆官升迁、镇压农民起义动态和边疆战况。通过阅读报纸得知朝廷大事，不仅成为各级官吏和士大夫茶余饭后的雅兴，也是他们跻身官场的一种政治需要。

宋代的官报审稿和发布制度较严格。官报样本传布各地前需经中央执掌军权的最高机关枢密院审查，到南宋则改由最高国务机关之一的门下省编定。进奏院将严格筛选出来的官报"定本"向地方发布。后来又出现了脱离定本制度的"小报"，这是报纸在宋代的一个重要发展。小报出现于北宋末，盛行于南宋，是宋朝内外矛盾交织的产物。长期以来，主战派和主和派、改革派和保守派矛盾尖锐，官场人物及其附庸都想及时得知朝廷动态和内幕新闻，进奏官吏和专事探听消息者合伙秘密经营的"小报"便应运而生。他们利用职权，抢先用小纸书写官报尚未发表和不准发表的消息，以及奏章中未曾实施的事，并飞报远近，高价出售，"小报"之称即由此而来。"小报"还曾被"隐而号之曰新闻"，具有时事报道含义的"新闻"一词就从南宋起和报纸联系在一起。小报的新闻性很强，但内容有真有假，因其消息有的来自政府机构的泄露，有的来自市井议论，甚至有的纯属凭空编造。徽宗时，就发生过小报刊登伪诏的事件。当时，徽宗任用蔡京主持国政，蔡京对外妥协投降，对内搜刮勒索，正直官吏和百姓都很痛恨。大观四年（1110），小报上突然登出徽宗斥骂蔡京的诏书，且淋漓尽致，大快人心。虽然这是小报经营者的编造，但人民的呼声和愿望得到曲折的表达。

小报这种半官方半民间的报纸具有强大的生命力，它动摇了官报的垄断，冲击了定本制度，被统治者认为制造了混乱、蛊惑了人心而屡遭严厉查禁，但其不仅没有在宋代绝迹，而且在明清两代得到了发展。

第五章 "窑"相辉映——五大名窑瓷器文化

宋代是极富生活情趣的朝代。这一时期实现了经济上的空前繁荣和人们生活的短时间稳定，五大名窑为我们留下了丰富的瓷器文化。五大名窑即官窑、汝窑、哥窑、钧窑、定窑。官窑造型带有雍容典雅的宫廷风格，汝窑以青瓷为主，釉色以天青色为特点，哥窑的重要特征则是釉面开片，钧窑典型特征就是蚯蚓走泥纹，定窑的釉多闪黄，故有"粉定"之称。宋代瓷器的创新与发展是中华民族对世界文化的伟大贡献。

天下第一窑：汝窑

宋代的五大名窑分别是官窑、汝窑、哥窑、钧窑、定窑。五大名窑开创了烧制实用器皿与观赏器皿的"瓷器"时代，是瓷器时代的到来标志。

汝窑为宋代五大名窑之一，明代文人品评把它列为首位，有"天下第一窑"的美称。汝窑窑址位于今河南宝丰清凉寺。现存少数几件器皿主要收藏于台北故宫博物院、北京故宫博物院、上海博物馆。

由于烧造时间短暂，汝窑大概只存在了二十年，传世真品非常稀少。即便是离它时代最近的南宋人，也对此发出了"近尤难得"的感叹。这使汝窑蒙上了一层神秘的面纱，更为世人所推崇。汝窑的款识，多见的有"奉华""蔡"等字样，这些字样与当时在皇室内呼风唤雨的人物有关，这再次见证了汝窑在当时的地位。

汝瓷的珍贵，除了其难得，还在于精致的外表和独特的工艺。汝瓷向来不对器身做复杂的装饰，而是以其优美的造型和温润的釉料取胜。人们甚至用"青如天、面如玉"这样的语言形容汝瓷的颜色和质地，这与宋代普遍的审美观非常吻合。那么，汝瓷的釉料究竟有何特殊之处呢？我们在文献中找到了只言片语的答案，里面提到，汝瓷的釉料中掺有玛瑙，只有皇家挑剩下的才能拿到市场上出售。当然，汝瓷釉料里是不是确有玛瑙，我们不得而知。即便文献记载确有其事，玛瑙对于汝瓷釉料质地的影响究竟有多大我们也不清楚。不过有一点非常明确，自古以来，玛瑙都是十分珍贵的物品，将其掺入釉料，足见其工艺之独特。

汝窑瓷器胎色呈淡淡的香灰色，釉色则以淡雅的天青色著称，带着微微的乳浊状，玻璃感并不是很强。汝瓷这种天青色的釉色与宋徽宗的审美是分不开的。相传宋徽宗崇信道教，并标榜自己是教主，他深受道家崇尚自然、讲究清净的思想熏陶，所以将这种给人宁静、自然感觉的天青色作为一种精神上的追求。

汝窑之所以受到当时皇家的青睐，另一个原因就在于它精细的烧造方法。文献当中也有对这些细节的描述，其中讲到，定窑瓷器采用覆烧的方法，所以口沿不能涂抹釉料，而汝窑使用的是器身满釉的裹足支烧方法，器身上满釉，只在器物的底部出现芝麻粒大小的痕迹，既实用又美观。

定窑的饰花瓷器

自唐代以来，白瓷就是北方的一个传统。到了宋代，这个传统被定窑很好地继承下来并发扬光大，定窑也因此成为五大名窑中唯一一个烧造白瓷的窑口。

定窑的窑址在今天的河北曲阳，这里在古代隶属定州，定窑因此而得名。定窑是在唐代邢窑的基础上发展而来的，是五大名窑中烧造时间较早的窑口。在其他四大名窑兴起之前，定窑一直是宋代瓷器生产的主要窑口，所以，在定窑瓷器的款识中，我们常常能见到"官"的字样。

定窑饰花瓷器的装饰技法主要有刻花、划花、印花、绘金花。刻花装饰盛行于宋代早期，此后不久又出现了刻花与篦划相结合的装饰方法，在盘碗的里面及瓶罐的外部肩腹等部位划出折枝或缠枝花卉轮廓线条，再以篦状工具在花叶轮廓线内划刻复线纹。定窑刻花工艺还常见在花果、莲鸭、云龙等纹饰轮廓的外侧划以细线相衬，突出了纹饰的立体感，也强调了主题。

定窑印花装饰始于北宋中期，成熟于北宋后期，纹饰多在盘碗的里部，其特点是布局严谨，层次分明，线条清晰，密而不乱。从窑址出土的大量遗物之中大体可以判断定窑印花装饰是仿当地缂丝纹饰的产物。窑工们把定州缂丝的图案局部再现在瓷器上，这种移植相当成功，使定窑印花一开始就呈现出完美的布局形式，以致看不出印花装饰工艺的演进过程。

定窑印花题材多为花卉，还有走兽、禽鸟、水波游鱼等纹饰。花卉纹饰最常见的是牡丹、莲花、萱草，菊花次之，布局讲究对称，多采用缠枝、转枝、折枝等方法。禽鸟纹有孔雀、凤凰、鹭鸶、鸳鸯、雁、鸭等。多与花卉组合在一起。如孔雀多与牡丹组合，这种图案多是在大盘里面绘四只飞翔的孔雀，孔雀之间以一枝牡丹隔开，盘心配以鸳鸯牡丹。这种纹饰俨如一幅布局严谨的织锦图案。此外还有印花云龙纹（这种纹饰的瓷器一般为宫廷里的专用品），以及双鱼纹和婴戏纹。

定窑饰花瓷器的器形以日用器皿为主，有碗、盘、碟、杯、罐、坛、瓶、瓷枕、灯台、香炉、净瓶等，很符合民间日常生活的需要。

由于定窑瓷器胎体坚细轻薄，釉色较为丰富，花饰内容富有生活气息，以及瓷器种类符合人们的普遍需求，在宋代一直长盛不衰。到了北宋后期，定窑成为官窑，专烧宫廷用瓷，其饰花工艺更趋精巧细致，纹样既清晰明快，又典雅富丽，达到鼎盛状态。

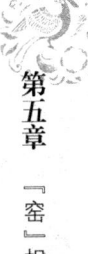

哥窑：紫口铁足现青花

哥窑，也是以烧造青瓷著称，但其特征更加突出。看到"哥窑"两个字，我们就会存有疑惑：既然称哥窑，那么是否也应该有个"弟窑"呢？这个思路非常正确，关于这个命名，还有一段传奇的故事。

相传宋代临安的龙泉地区，有一位技艺娴熟的老窑工，叫章村根，这位老人家对烧造青瓷有着一身好手艺，在当时远近闻名。老人家膝下有两个儿子，分别取名章生一、章生二，两人都跟随父亲学习制瓷烧窑。老人家过世之后，两人都已身怀绝技，各有成就，于是各自掌管一个窑口，也就是我们所说的"哥窑"和"弟窑"。分开之后的两个窑口存在竞争关系，由于哥哥烧造的瓷器更加受欢迎，惹来了弟弟的嫉妒，于是弟弟趁哥哥不注意，在他的釉料里面放了一把草木灰，结果哥哥烧出了一批瓷器全身布满裂纹的"废品"。难过之余，哥哥将这些"废品"拿到集市上随意处理。料想不到的是，人们非但没有觉得难看，反而认为这些或长或短、粗细不一的裂纹煞是好看，于是这些"废品"被抢购一空。事实上，这些"废品"，就是今天我们视若珍宝的哥窑瓷器，而它身上布满的裂纹，就是哥窑瓷器中最具特点的"金丝铁线"纹,它是我们判断哥窑瓷器的一个重要标准。不过故事归故事,这种古朴的"金丝铁线"的烧成,究竟是源于一个美丽的错误,还是窑工们数十年的精心琢磨,我们已经无从考证了。

哥窑瓷器的另外一个特点就是"紫口铁足"。哥窑瓷器的胎色往往比较深,这就使口沿以及足底等釉层比较薄的地方微微露出原本略微黄褐的胎色,我们称它为"紫口铁足"。

由于窑址至今仍未找到,对于哥窑的身世,仍有很多推测。甚至有人认为,它可能就是南宋官窑。真相究竟是怎样的?看来我们只能把它交给历史了。

或许有人还在关心刚才那个故事,既然弟弟的制瓷技艺也十分了得,那么"弟窑"的出路又是怎样的呢?相传"弟窑"就是今天我们所称的龙泉窑。

龙泉窑以青瓷而闻名,其窑址就在今天的浙江龙泉。龙泉窑烧造的青瓷,釉色青翠,犹如青梅,故称"梅子青",这是龙泉窑青瓷中最负盛名的品种。关于它的来历,据说有一名名叫"青姬"的女子,为了拯救父亲和整个家族,纵身跳入窑中,以身殉窑,从而化身成为美丽的梅子青瓷。这是一个凄美悲壮的故事,后来人们为了纪念这位勇敢的姑娘,世代将其奉为神明,青姬的名字也永远留在了龙泉窑的历史上。

龙泉窑青瓷传到欧洲之后,欧洲人对这种青翠欲滴的颜色也非常喜欢。正好当时法国上流社会中流行着一出舞台剧,英俊的男主人公身上的青绿色斗篷与龙泉青瓷的颜色极为相似。于是,人们便将这位男主人公的名字与这种来自中国的青瓷结合在一起。从此,龙泉青瓷在欧洲被浪漫地称呼为"雪拉同",在欧洲社会风靡一时。

第五章 "窑"相辉映——五大名窑瓷器文化

闻名于世的景德镇青白瓷

景德镇是宋代江南地区著名瓷器产地,在当时以主要生产青白瓷闻名于世。

青白瓷是一种仿玉产品。在古代因玉器属稀有珍品多为统治阶层垄断,人们只好转而寻求以瓷代玉。景德镇匠师出色地实现了这一模仿,烧出了色质如玉的青白瓷,满足了市场所需,博得了"假玉器"的美称。

青白瓷,是一种釉色介于青与白的薄胎瓷器,釉色明澈丽洁,白中泛出一种青绿色或青蓝色,其胎质洁白而坚,轻薄以至透明。青白瓷在宋以后相继有"隐青""影青""映青""印青"等别称。

景德镇青白瓷以日用器皿为主,饮食用具有碟、盘、碗,酒具有注子、注碗、杯、托子,盥洗卫生用具有钵、洗和各式香薰,照明用具有灯盏,有供存放药材、香料或妇女化妆用品的盒子,有称子母盒的,是于大盒内黏附三个小盒,分放粉、黛、珠等化妆用品。此外,有为善男信女烧制的观音菩萨,有专为陪葬用的盖式塔罐,寝具有各式枕,如双卧狮、立象、卧婴和银锭式,以银锭式较多。

景德镇青白瓷的器形也有自己的特点。如瓷钵由敛口变敞口，折肩，肩以下渐渐收敛，口大底小，器形有较大的变化。青白瓷中又盛行盖瓶，瓶体瘦长，上下基本相等，上半部颈细长，颈上堆塑动物纹，上有塔形盖，盖顶为一鸟形钮，下半部瓶身多有附加装饰，肩部一周堆贴人物。景德镇烧制的盒子形体小而扁，有圆形、八方形、六瓣形和菊瓣形等，盒面多饰以阳纹印花。

青白瓷还辅之以刻花、篦点、篦划和印花装饰，增强了艺术感染力。北宋前期青白瓷多无纹饰，规整的器形和润洁如玉的釉，博得了人们的赞赏。中期以后至南宋，刻划、印花纹饰的大量出现，使青白瓷更加盛行。

景德镇青白瓷的成名是有特定因素的。景德镇具有优越的自然条件，诸如优质高岭瓷土，遍地马尾松柴，便利的水路交通，技艺高超的制瓷工匠，这些都是江南地区其他瓷窑无法比拟的。青白瓷对江南地区影响很大，江西、福建、广东、广西、浙江、湖北、湖南、安徽等八省近四十个县都出现了模仿瓷窑。它们之间形成了一个以景德镇为中心的青白瓷体系。青白瓷是江南地区两大瓷系之一，影响面之大，居宋代六大瓷系之首。

第五章 『窑』相辉映——五大名窑瓷器文化

耀州窑系的形成

宋代北方青瓷的著名产地，是陕西耀州窑，当时北方民窑青瓷便以耀州窑为代表。耀州窑始烧于唐代，在烧青瓷的同时，还烧白瓷、黑瓷、釉下彩、唐三彩等。北宋时期以烧青瓷为主，因其釉色青绿闪黄，故叫"姜黄釉"，以刻、划、印花草树木鸟兽虫鱼及人物等纹样装饰。北宋前期，耀州窑曾一度仿烧越窑青瓷，如仿越窑同类装饰而作浮雕莲瓣纹饰。但随着刻花装饰达到成熟阶段，耀州印花青瓷也逐渐流行，并对陕西、河南、广东、广西等地瓷窑产生很大影响，从而形成了耀州窑系。

耀州窑系瓷器的特点首先表现在高超的拉坯技术，耀州窑青瓷造型多种多样，即使是一些制作难度较大的器物，如瓜棱瓶、十二瓣瓜棱碗、十六瓣菊瓣盘等，拉坯时也能做到瓜瓣距离既匀称又和谐，而且器底修坯正整。

耀州窑青瓷刻花具有刀锋犀利、线条洒脱的特色，在宋代刻花装饰中堪称一流。耀州窑刻花题材丰富，以花卉最为常见。牡丹是常用的装饰题材之一，常出现在瓶、盘、碗、罐等器物上。海水游鱼纹也比较多见，在碗里用熟练的技法刻上几刀，三条鱼就出现在碗壁上，再用篦状工具划出海水作衬托，在漩涡中三条鱼悠然自得地游弋，栩栩如生。婴戏纹也是耀州印花青瓷经常采用的题材，故宫博物院收藏的一件婴戏碗，装饰主题为一胖娃，寥寥几刀就完成了胖胖的男娃形象塑造，又以缠枝花三朵围绕，更觉相得益彰。莲塘游鸭题材也颇具艺术效果，两只游鸭在莲塘中追逐，刻划在不大的天地里，足见匠心。浮雕牡丹狮流壶另具一格，壶的造型是典型北宋时期的式样，壶主体突出一朵牡丹，辅以枝叶。因用浮雕技艺处理纹饰，故有极强的立体感。这种壶原被国外视为东窑作品，后来发掘耀州窑时有这种壶出土，由此可见是北宋时期耀州窑作品。

耀州窑青瓷器形以生活实用器皿为主，造型浑厚，纹样潇洒犀利，充分体现了民间艺术朴实健康、活泼开朗的精神风貌，因其成就突出，北宋时曾被宫廷选中而造贡瓷。据《元丰九域志》及《宋史》记载，神宗元丰及徽宗崇宁时，耀州窑场烧贡瓷。自此，耀州窑系的影响更加广泛而深远。

名满天下的元青花

青花，一个文静清新的名称，一如它优雅的外表，它不像明清彩瓷般缤纷华丽，也不似宋瓷那样含蓄内敛，但它是高贵的。它摆放在那里，明丽又不失温婉,可爱却不觉讨好,使人百看不厌。因此,它吸引了元明清三朝人的目光,成为这三个朝代瓷器制造的主要种类。同时,它也造就了一个特殊的窑口,也就是有名的瓷都景德镇。我们认识的青花,大多始于元代,然而,元代的青花烧造技术已经炉火纯青,似乎非常成熟了。这究竟是怎么一回事呢?青花为何在元代突然兴起,而且一出现就极为成熟了呢?其实,关于青花,仍有很多谜无法解开,不过可以肯定的是,青花烧造的技术绝不是某一瞬间从天而降的,而是经历了一个漫长的发展过程。

早在唐代,中国就有了青花瓷。限于当时各方面的条件,青花瓷并没有成为唐代的主流品种,以至于我们现在仍旧很少提起它。大概是青花的风格与宋代流行的审美不相匹配的缘故,青花在宋代不但没有接续唐代发展下来,而且走向了衰落。

元朝的建立,打破了唐宋以来的社会秩序,无论是在疆域上,还是在文化上,与唐宋时期相比都大有不同。一方面,强大的蒙古骑兵数度征服中亚和西亚各地,促进了中国文化与异域文化的交流。这种交流带来了很多东西,比如波斯等地的文化,又如青花瓷烧造需要的工艺和各种材料。另一方面,蒙古族对蓝色尤其推崇,再加上传入中国的伊斯兰文化对蓝色的喜爱,这种白地蓝花的瓷器,犹如即将枯萎的花芽在瞬间得到了充足的水分和养料,一时间疯狂地成长起来。这种突如其来的腾飞,使我们陷入了深深的思考,却又谜一样地总是无解。不过无论如何,青花瓷的成熟期是在元代,我们叫它"元青花"。

在中国,提起元青花,大概都不会陌生。然而,我们对它的认识是20世纪50年代以来才开始的,并且是通过一位外国人。他叫约翰·亚历山大·波普——一个永远值得中国陶瓷界记住的名字。波普是一位美国学者,他认真地研究了一对带有元代"至正"款的云龙纹象耳瓶,并在这个基础上对土耳其伊斯坦布尔托布卡普宫博物馆的青花做了比对和研究，把所有与象耳瓶相似的定为"至正型"。波普所做的工作为我们对元青花的认识做了很大的贡献。

元青花胎体厚重，器型硕大，这是大多数元代瓷器的整体风格。它釉色非常洁白，以钴作为呈色剂，根据钴料的不同呈现出浓翠和灰淡等不同程度的蓝色。这种使青花呈现出蓝色的钴料究竟是怎样的，为何它又会表现出不同程度的蓝色？一般认为，浓翠的蓝色青花可能是用了进口的钴料，人们称它为"苏麻离青"，而灰淡的蓝可能来自"回青"钴料的呈色。

元青花使用的国产青料，成分为高锰、高铝，与同时期的进口料差别很大，描绘的青花纹饰呈色蓝灰或蓝黑，见浓淡色阶，青料积聚处有蓝褐色或黄褐色斑点，黑褐色的斑点较少，如含锰过多时青花纹饰呈色为蓝中微微泛红，釉面下凹并亚光。无论是国产料或进口料，整体画面青花纹饰色调受窑温影响存在深浅不一的变化，但用放大镜细看青花呈色，会发现它是"活"的，在浓艳之处有鲜活的"流动状"。

第五章 "窑"相辉映——五大名窑瓷器文化

扩展阅读　青花象耳瓶的故事

　　我们与青花的结识，得益于学者波普的努力。波普当年遇到的，就是一对器型硕大、图案精致的云龙纹象耳瓶，正是它们，为我们打开了元代青花瓷之门。这对花瓶高63.6厘米，两侧各有一只象耳，从上往下分8层作画，分别是缠枝菊花、蕉叶、云凤、缠枝莲、海水云龙、海涛、缠枝牡丹以及杂宝莲瓣，花纹布满器物全身，紧凑却不显繁杂。在其颈部的花纹中间有一段文字，大致讲的是，在公元1351年，一个名叫张文进的人以这对大瓶供奉神仙，以祈求全家平安幸福。

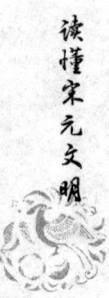

第六章

文学奇葩——探寻宋代词文化

宋词是一种新体诗歌，句子有长短，便于歌唱。因是合乐的歌词，故又称曲子词等。宋词是中国古代文学王冠上一颗光辉夺目的钻石，在古代文学的阆苑里，它是一座芬芳绚丽的园圃。它以姹紫嫣红、千姿百态的神韵，与唐诗并称双绝，都代表一代文学之盛。

宋词的盛行

词产生于唐,而极盛于宋,作品如云,名家辈出,派别繁多,风格各异,被后人尊奉为能和"楚之骚、汉之赋、六朝之骈语、唐之诗、元之曲"并驾齐驱的"一代之文学"。

宋代社会秩序的安定和大都市的繁荣为宋初士大夫供给了享乐生活的条件,而词正是适宜描述这种生活的歌唱文体,是五代以来一向用于摹写风流绮艳的情事的。由于宋初士大夫的生活与五代不同,词风酝酿着新变化。宋仁宗时,词的创作步入发展期,市井间竞逐新声,词的发展经历了又一次重要的乐曲变动。短调小令逐渐有了定型,长调慢曲占有重要地位,令、引、近、慢,兼有众体,词调大备。柳永采用教坊新腔和都邑新声,"变旧声作新声",创作了大量慢词。晏殊、欧阳修,主要承南唐余绪,多作小令,然而也表露出某些新变化,写恋情,写欢宴游乐,也写得情思婉转,风格清丽。苏轼扩大了词的题材,开拓了词的境界,而且把变革与刷新词调,作为转变词风的一个重要方面。周邦彦精通音律,创制慢曲,音节谐美。李清照主张词要铺叙、典重、故实,"别是一家",她的词当行本色，工于写情和白描。辛弃疾把苏轼开拓的词的境界再扩大，以文为词。姜夔又以峭拔的风格写词，并进一步创作"自度曲"，又把慢词表现技法推进一步。唐五代词，在艺术上已很成熟，宋词不仅在内容方面有所开拓，艺术上也有发展，创作达到了高峰。

宋词发达的原因是多方面的。从历史上讲，唐代文坛以诗最为发达，而词远逊于诗，这就给宋人留下了广阔的余地。而且词弥补了诗的句式过于严格、节奏过于整齐、单调，用长短句表达深长、细腻、丰富的情感，"要眇宜修，能言诗之所不能言"。从题材上讲，词在初起时多被当作言情的诗体加以应用，这逐渐成为一种传统。

宋词的繁荣和成就有多方面的表现。其一，在全社会的普及，上至皇帝填词谱曲，下到"凡有井水处，即能歌柳词"。其二，新创词调大量出现，多达千余种，且形式非常多，令、慢、近、犯、歌头、摊破、增减、偷声，无不齐备。而随着长调慢曲的增加与普及，词的表现容量加大，为词体的解放与革新打下了基础。其三，较之唐五代，词的思想内容有了突破，填写技巧也有了很大提高。特别是像苏轼、辛弃疾这样的大作家更是"无意不可入，无事不可言"，突破了狭义的言情范围。为了与长调相适应，宋词还特别讲究技巧方法，把诗、文、论、赋中的种种手法都运用到词中，以至出现了以诗为词、以论为词等现象。

在宋人的心目中，词从民间文学里兴起的时间还不很长，也不必像诗那样讲究身份。有些情话似乎在诗里很难出口，有失尊严，但不妨在词里描述。假如说宋代作家在散文里表现的态度是拘谨的，那么在诗里就比较自在，而在词里则简直放任和放肆了。当然，谈情说爱有时是"寄托"或"寓言"，因为宋词惯用香草美人的比兴手法，借"燕酣之乐、别离之愁"暗指国家大事或个人身世。

宋人的创作实践充分表示他们认为词比诗"稍近乎情"，更宜于"簸

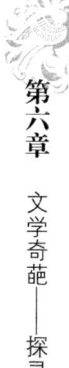

第六章 文学奇葩——探寻宋代词文化

弄风月"。这样，产生了一个现象：唐代像温庭筠或韦庄的词的意境总和他们的一部分诗的意境相同或互相印证，而宋代同一作家的诗和词常常取材于截然不同的生活，表达了截然不同的心灵，仿佛出于两个人或一个具有两重人格的人的手笔。例如欧阳修的"浮艳之词"弄得后人怀疑是"仇人无名子所为"，而能作《煮海歌》的柳永在词里只以风流浪子的姿态和读者相见。

苏轼以后，宋词在内容上逐渐丰富，反映了许多唐五代词没有写过的东西，很多事物变成诗和词的公共题材，但是言情——不论是写实的还是寓意的——依然是词的专利。在形式上，词受了苏、黄以来诗歌的熏染，也讲究格律，修饰字句，运用古典成语，从周邦彦的雅炼发达至于吴文英的艰深。不过，宋词和民间文学始终没有完全脱离，典雅雕琢的风尚并未完全代替运用通俗口语的倾向。例如欧阳修的词是浅易的，但是他也写了比他的一般词更通俗，更接近口语的东西；黄庭坚的词与他的诗一样，都是"尚故实"的，但是他也用俗语、俚语写了些风格相反的词。这两种词风在许多宋人的作品里同时而不同程度地存在。

词牌

最初，词都是配合音乐歌唱的，有的按词制调，有的依调填词，曲调的名称就是词牌。词的格式和律诗不同，律诗只有四种格式，而词则总共有一千多种格式。有时候，因为它们是同一个格式的若干变体，几个格式合用一个词牌；有时候，因为各家叫法不同，同一个格式又有几个词牌名。

李煜与新型抒情词

李煜（937—978），初名从嘉，字重光，号钟隐，是南唐中主李璟第六子，艺术天赋极高，无心当皇帝，却阴差阳错地坐上龙椅。他在961年继位，那时赵匡胤已登基，北宋正在拉开统一天下的序幕，南唐国运在中主李璟时代已走下坡路，李煜刚刚登基便面临来自赵宋政权的强大压力。

北宋先后消灭其他割据政权，逐渐统一全国。南唐政权风雨飘摇，朝不保夕。李煜没有能力振兴政治，加强国力，只能醉生梦死，得过且过。请看下面两首词：

玉楼春

晚妆初了明肌雪，春殿嫔娥鱼贯列。笙箫吹断水云间，重按霓裳歌遍彻。　　临春谁更飘香屑，醉拍阑干情味切。归时休放烛光红，待踏马蹄清夜月。

浣溪沙

红日已高三丈透，金炉次第添香兽。红锦地衣随步皱。　　佳人舞点金钗溜，酒恶时拈花蕊嗅。别殿遥闻箫鼓奏。

前词写傍晚时，嫔妃宫女们都浓妆艳抹，鱼贯而入到达宫殿，笙管笛箫吹奏起来，宫娥彩女们尽兴舞蹈。热烈的歌舞一直进行到下半夜。《浣溪沙》则描写白天时的歌舞欢乐。太阳三丈高了，香烟缭绕中又开始了歌舞，大红锦绣地毯随着美人的舞步已出现皱纹。当稍微休息的时候，从别的宫殿又传来箫鼓的声音。

宋开宝八年（975）十一月二十七日半夜，金陵被宋军攻破，李煜肉袒出降，全家四十五人成为俘虏，被押送到汴京囚禁起来。从此，他由一名皇帝变成一名囚徒，地位和生活的巨大落差使他心理产生强烈的震颤，每天以泪洗面，其词的内容和风格产生了巨大变化。亡国之痛、故国之思，成为其主旋律。

乌夜啼

无言独上西楼，月如钩。寂寞梧桐深院，锁清秋。　剪不断，理还乱，是离愁。别是一般滋味在心头。

而这种离愁，便是被迫离开故国的国恨家仇。"剪不断，理还乱"的比喻新颖别致，写出了愁绪的绵长和纷乱。

李煜后期词多精品。诸多精品中，《虞美人》最凄惨，抒情最强烈，流传最广，给李煜带来的灾祸最惨烈：

春花秋月何时了，往事知多少。小楼昨夜又东风，故国不堪回首月明中。　雕栏玉砌应犹在，只是朱颜改。问君能有几多愁，恰似一江春水向东流。

"春花秋月"本来是良辰美景，一般人都希望其永驻人间，但作者盼望其永远终结，不要再来。这种反常的心理是由于反常的处境决定的。而春风偏偏到时候就来，明月偏偏经常出现，良辰美景已不属于自己，只能徒增忧伤，词人发出"问君能有几多愁，恰似一江春水向东流"的感慨。精彩的比喻准确传达出内心的感受，化抽象为具象，忧愁之深重和怨恨之酷烈也因为这一千古妙喻升华到极点，已超越帝王之愁的界限，而一切陷入深深忧愁之人都会产生共鸣。

据《乐府纪闻》记载："后主归宋后，与故宫人书云：'此中日夕只以眼泪洗面。'每怀故国，词调愈工……其赋《虞美人》有云：'问君能有几多愁，恰似一江春水向东流。'旧臣闻之，有泣下者。七夕，在赐第作乐，太宗闻之，怒。更得其词，故有赐牵机药之事。"

浪淘沙

帘外雨潺潺，春意阑珊，罗衾不耐五更寒。梦里不知身是客，一晌贪欢。　　独自莫凭栏，无限江山，别时容易见时难。流水落花春去也，天上人间。

相传这是李煜的绝笔词。梦境中回到往日的享乐与幸福之中，醒来则是无穷无尽的痛苦。"别时容易见时难"的，不仅是江山，也蕴含着一切美好，故有很强的艺术感染力。清醒的时候，他一个人登楼，更加忧愁。

李煜词一改曲子词作为贵族宴饮侑酒的工具而成为直接抒发个人情怀的新型抒情诗，是词史上的一大进步。与这种内容变化相适应，李煜词改变了花间词人委婉含蓄，遮遮掩掩的比兴寄托手法，运用白描直抒胸臆，使词的表现力得到长足的发展。王国维谓"词至李后主而眼界始大，感慨遂深，遂变伶工之词为士大夫之词"（《人间词话》），指的主要就是这一点。

范仲淹及豪放词风的开创

范仲淹(989—1052),字希文。其先世为邠(今属陕西)人,后徙苏州吴县(今属江苏)。宋真宗大中祥符八年(1015)进士。官至枢密副使、参知政事。仁宗朝曾守西北边境多年。政治上主张革新,主持庆历新政,是当时著名政治家。有《范文正公集》。

范仲淹的人生经历本身就是教育后代最好的课本,他完全是凭借自己艰苦奋斗的精神步入社会并取得多方面成就的。他的远祖是东汉名士范滂,先祖中的范履冰是唐朝宰相。他曾祖以下都是官员,他父亲范墉任武宁军(今徐州)节度使掌书记,范仲淹是其第三子。可悲的是,范仲淹两岁时,父亲死亡,母亲谢氏无力抚养,不得不带着范仲淹改嫁朱氏,改名朱说。

《宋史》本传说他"少有志操,既长,知其世家,乃感泣辞母,去之应天府(今河南商丘)"。他曾在长白山(今山东邹平市南)醴泉寺僧舍读书,"日作粥一器,分为四块,早暮取二块,断齑数茎,入少盐以啖之。如此者三年"。后来入南都学舍,其属于当时地方名校,他更加勤奋,"昼夜苦学,五年未尝解衣就枕。夜或昏怠,辄以水沃面。往往饘粥不充,日昃始食"。

范仲淹为人有大节,正派敢言。据《宋史》记载:"每感激论天下事,奋不顾身。一时士大夫矫厉尚风节,自仲淹倡之。"他也因为直言受到许多挫折,但他无怨无悔,终生坚持正道直行,人品光辉峻洁,可为千古楷模。高洁伟岸的品格在他的文学作品中得到充分的展示,一篇《岳阳楼记》传诵至今,几乎妇孺皆知。他的诗词虽然不多,但自具面目,尤其是词作,开一时风气之先。

范仲淹诗中比较著名的是《江上渔者》。

江上往来人,但爱鲈鱼美。

君看一叶舟,出没风波里。

语言浅显而情味很浓,表现出作者体恤民艰的仁者情怀。一叶小舟在风浪里出没的情景历历在目,渔民之艰辛亦自在其中。

范仲淹的词传世仅五篇,却很精彩,尤其是《苏幕遮》和《渔家傲》两篇,更有开拓性。词中描写边塞风光和将士思乡情怀,在题材内容上开拓出边塞这一新领域,在艺术风格上已开豪放词风之先声。

苏幕遮

碧云天,黄叶地。秋色连波,波上寒烟翠。山映斜阳天接水,芳草无情,更在斜阳外。　　黯乡魂,追旅思。夜夜除非,好梦留人睡。明月楼高休独倚,酒入愁肠,化作相思泪。

《苏幕遮》抒写怀乡思归之情。范仲淹曾驻守西北边陲,故有是作。黄昇《花庵词选》题作"别恨"。上片以暮秋景色烘托离愁别绪,下片抒发羁旅外地的游子殷切盼归的情愫。邹祗谟说:"范希文《苏幕遮》一调,前段多入丽语,后段纯写柔情,遂成绝唱。"(《远志斋词衷》)

"芳草无情,更在斜阳外",因芳草连接远处的家乡而道出思乡之情,想象新奇，抒情婉曲，实为隽语。沈际飞在《草堂诗余正集》中说："'芳草更在斜阳外''行人更在春山外'两句，不厌百回读。"

渔家傲

塞下秋来风景异，衡阳雁去无留意。四面边声连角起，千嶂里，长烟落日孤城闭。　　浊酒一杯家万里，燕然未勒归无计。羌管悠悠霜满地，人不寐，将军白发征夫泪。

该词下面有题为"秋思"，也是其在西北边陲戍守时的作品。据说他当时写作数首《渔家傲》，都用"塞下秋来"为首句，"颇述边镇之劳苦"。本词描绘出边塞壮阔苍凉的景色，抒写出征人的羁旅思乡情怀，也包含着报效国家的壮志，创造出苍莽雄奇的意境和豪放沉郁的风格。

范仲淹德行高迈，政绩斐然，文采灿烂，次子范纯仁是北宋中后期名臣。清初名臣范文程乃范仲淹后裔。

柳永与通俗词风

在北宋前期，柳永的词深受广大市民的喜爱，从城市到乡村，只要有人群的地方，就有人在唱柳永的词。但贵族和平民百姓的口味总是不同，柳词在上层社会颇受排挤和贬抑。不仅如此，柳永还因为词屡受打击，给仕途带来厄运。

柳永，初名三变，字耆卿，崇安（今福建武夷山）人，出身书香门第、仕宦之家，父祖辈多在朝廷做高官。

"三变"之名，出自《论语·子张》，"君子有三变：望之俨然，即之也温，听其言也厉。"他少年时期行为放荡，经常出入烟花柳巷，与歌妓十分亲密，为那些下层女子写词作曲，唱出她们的心声，表达她们的思想感情，深受下层妇女的热爱，却遭到上层贵族的鄙视。

据宋代张舜民《画墁录》记载，柳永曾经去拜访宰相晏殊。晏殊问道："贤俊作曲子么？"柳永答道："只如相公亦作曲子。"

晏殊说："殊虽作曲子，不曾道'彩线慵拈伴伊坐'。"听到这里，柳永当即告退。

这则故事表现出柳永和晏殊完全不同的审美情趣和风格。从晏殊的话中可看出他对柳永词俚俗倾向的不满。

因他的情趣及风格不为上层社会接受，所以，柳永在参加科举考试时屡受挫折。有才能却偏偏考不上，免不了发牢骚，他曾写过一首《鹤冲天》词发泄胸中的愤懑之气。

黄金榜上，偶失龙头望。明代暂遗贤，如何向。未遂风云便，争不恣狂荡。何须论得丧。才子词人，自是白衣卿相。　烟花巷陌，依约丹青屏障。幸有意中人，堪寻访。且恁偎红倚翠，风流事，平生畅。青春都一饷。忍把浮名，换了浅斟低唱。

词中宣泄了他怀才不遇的苦闷，曲折地表现出对科场不公平的怨愤情绪。

柳永本来因科场失意才创作此词，而此词使他在科场中更加失意，形成了一种可怕的恶性循环。这首词非常适合那些科场失意的举子的口味，而科场中得意人少失意人多，它在文化人中便有极为广泛的市场，在烟花

第六章　文学奇葩——探寻宋代词文化

柳巷及下层百姓中也很受欢迎，于是在京师中广泛传唱开来，一直唱到皇宫中，连后妃都会唱。这便招来了祸害。

柳永再参加进士考试，礼部考试顺利通过，殿试成绩也不错，最后一道程序是皇帝御笔亲批。仁宗看到"柳永"时，特意用朱色的御笔郑重勾掉，并说了一句："且去浅斟低唱，何要浮名？"就这么简单这么轻松，皇帝的御口一张，御笔一动，断送了他的大好前程。

柳永不但不加收敛，反而更狂放不羁，经常泡在烟花柳巷中，且不无炫耀地说："我是奉旨填词柳三变。"

因为受到不公平的待遇而发点牢骚，他受到更重的打击。但也可能正是这种情况成就了柳永的词。他在以后的岁月中不得不到处漂泊，到各个繁华的大城市谋求出路，写下多首城市风光词。范镇曾说："仁庙四十二年太平，吾身为史官二十年，不能赞述，而耆卿能形容尽之。"因经常寄人篱下，深刻地体验到了背井离乡的精神痛苦，他写下了很多感人肺腑的羁旅行役词。这样，反映下层妇女生活及感受，描写城市风光，抒发羁旅行役之苦的词便构成柳永词的主要内容。

后来，已四十多岁的柳永为生活所迫，也因为不得科名不甘心，于是不得不再进考场。但他的名字太特殊，容易令人过目不忘，所以他改名"柳永"，这才考中进士，但已经四十六岁了。其被任命为屯田员外郎，后世又称其为柳屯田。其实这个职务不算小，但因柳永年龄大，心里不平衡，不久就辞职了。以后他又在困苦中度过余生，死在了扬州。坎坷的人生和到处漂泊的经历却成就了柳永的词。

晏殊与《珠玉词》

中国文学史上有一些父子、兄弟并称者，最著名的当数"三曹"和"三苏"。北宋的"二晏"，是父子，即晏殊和晏几道。

晏殊（991—1055），字同叔，抚州临川（今江西抚州）人。晏殊七岁能写文章，在乡里有神童之名。宋真宗景德元年（1004），"张知白安抚江南，以神童荐之。帝召殊与进士千余人并试廷中。殊神气不慑，援笔立成。帝嘉赏，赐同进士出身"（《宋史》本传），时年仅十四岁。仁宗时，官至同中书门下平章事兼枢密使，他是北宋军政两个方面的最高长官。尽管他在政治上没有大的作为，然而善于举荐人才，当时的名臣范仲淹、富弼、韩琦、欧阳修等均出其门。其实这也应当算是他的政绩。卒谥元献。其词风娴雅婉丽，追求气象。有《珠玉词》。

晏殊非常勤奋，终生著述丰富，据《宋史》本传载："文集二百四十卷，及删次梁陈以后名臣述作为《集选》一百卷。"虽然散佚，但可以想象他当时著述之多。晏殊诗词成就尤高。他的门生宋祁《笔记》说："晏相国，今世之工为诗者也。末年见编集乃过万篇。唐人以来所未有。"

第六章　文学奇葩——探寻宋代词文化

可惜大部分失传，他传世的诗作仅一百多首。其中《无题》（一作《寓意》）可为代表。

"油壁香车不再逢，峡云无迹任西东。梨花院落溶溶月，柳絮池塘淡淡风。几日寂寥伤酒后，一番萧索禁烟中。鱼书欲寄何由达，水远山长处处同。"

晏殊的词成就高于诗，他对词的发展也有一定贡献。《青箱杂记》记载晏殊语："余每吟咏富贵，不言金玉锦绣，而唯说其气象。若'楼台侧畔杨花过，帘幕中间燕子飞''梨花院落溶溶月，柳絮池塘淡淡风'之类是也。"稍加注意，可以体会出这里的"气象"很接近后来所说的意境，这种观点对词的艺术创造是一种提升。他的词确实有这种气象，如《浣溪沙》。

一曲新词酒一杯。去年天气旧亭台。夕阳西下几时回。　　无可奈何花落去，似曾相识燕归来。小园香径独徘徊。

这是一首脍炙人口的小令。作者意在抒发春光流逝、好景难再、人生易老的感伤。语言圆转流丽，意境蕴涵深广，并能给人一种哲理的启迪。在惋惜与欣慰的交织中，包含着这样的生活哲理：无法阻止美好事物的逝去，但在其逝去之后，还会有美好事物的出现。生活并不会因为美好事物的消逝而变得一片虚无、黯淡无光。只不过是再现的事物已不再是原封不变，而是"似曾相识"罢了。这确是人人都可领悟而又未能用艺术语言表达的一种充满思考的感受。杨慎评曰："'无可奈何'二语工丽，天然奇偶。"（《词品》）

《蝶恋花》也是一首神品，尤其是前三句，更写出一种神情、一种境界。

槛菊愁烟兰泣露。罗幕轻寒，燕子双飞去。明月不谙离恨苦。斜光到晓穿朱户。　　昨夜西风凋碧树。独上高楼，望尽天涯路。欲寄彩笺无兼素。山长水阔知何处。

全词描写闺中思妇刻骨铭心的相思之情,"燕子双飞去"反衬出自己的孤独,而那不理解人离别之痛苦的月光居然照射一夜,暗示出女主人公彻夜未眠。"昨夜西风凋碧树,独上高楼,望尽天涯路"本是写女子登楼眺望,渴盼丈夫归来的情景,但那种神情可以理解为在寻觅路径和方向。王国维将其作为人生三重境界的第一境,即苦苦寻觅,寻找前进方向和目标的情境。这使得本词的知名度大大提高。

一代文豪苏轼

苏轼,字子瞻,号东坡居士。他是宋代文坛上极负盛名的一个全能作家,对词的发展有着特殊的贡献。

宋仁宗景祐三年十二月十九日(公元1037年1月8日),苏轼出生在四川眉山一个知识分子家庭。苏轼从幼年起,就在良好的环境中接受了丰富的文化知识,为他以后的创作打下了基础。

苏轼二十一岁举进士,二十二岁参加礼部考试。他的论文《刑赏忠厚之至论》使主考欧阳修大为惊异,认为这是一个很不平凡的人,想取他为第一名,但他认为论文是门下文人曾巩的,为了避嫌就只取为第二名。随

后苏轼又在春秋对义中获得第一，殿试中乙科，于是得到欧阳修、韩琦、富弼等大臣的面见。过后，欧阳修对人说："有了苏轼这个人，我便应当回避了。"人们听到这个说法，开始都很惊异，后来，大家都信服了。

苏轼虽然博学多才，但在当时变幻莫测的政治浪潮中，并未得到重用，反而一生坎坷，几遭贬谪，受尽颠沛流离之苦。

苏轼中进士后，做过主簿、签判一类的地方官。公元1069年，他服父丧期满后还朝，正值王安石实行变法，推行新政。他出于比较保守的政治立场加以反对，于是受到新党的排挤。

从公元1071年开始，苏轼便离开当时的京城汴京（今河南开封），过着长期的宦游生活。这期间，他做过杭州、密州、徐州、湖州等地的地方官。在地方官任上，苏轼能够根据社会的情况和需要，为百姓做些有益的事情。

在徐州时，一次涨大水，河水淹至城门下，眼看城门将被冲毁。在这紧急的时刻，城内的有钱人争相出城避难，苏轼面对这种情况，果断地说："有钱人一走，弄得民心动摇，我们还怎么守城呢？只要有我在，水决不能冲毁城门。"把那些出城的人又赶了回来。然后，他来到武卫营，动员军人尽力抢救，并率领他们，在城东南筑一长堤，指挥官吏分段把守。这样，尽管连日大雨，但全城始终平安无事。事后，他又请求朝廷调来伕卒增筑故城、修堤岸，避免再发生水患。

在杭州时，苏轼领导人民疏浚河漕，修复六井，淘浚西湖，并于湖中修筑一道长堤，以利通行；堤上种植芙蓉、杨柳，美化环境。杭州人民为了纪念他，将此堤命名为"苏公堤"。直到如今，"苏堤春晓"仍为西湖美景之一。

苏轼万万没有想到，在湖州任上祸从天降。宋神宗元丰二年（1079），谏官李定等人摘出苏轼平时所写的诗句对其加以弹劾，定以讽刺新法的罪名，制造了有名的"乌台诗案"。此后，苏轼被当作严重的政治犯投入御史台监狱，日夜受审。他平时所写诗词被一一加以追查审问，其中的只言片语更被摘出，被指控为讥讽朝廷、讥讽执政大臣、讥讽新法等，企图以此定他重罪。这种情景正如苏颂诗中所写："遥怜北户吴兴守（吴兴守即苏轼，被捕前知湖州，即吴兴），诟辱通宵不忍闻。"由此可见苏轼在狱中是很吃了点苦头的。尽管遭受尽各种折磨和辱骂，但苏轼始终从容辩对，使审讯他的狱吏也无可奈何。

苏轼在狱中时，他的长子苏迈给他送食物，并在外打听消息。他们相约一般情况只送菜和肉，如有凶信，则改为送鱼，并守在狱外等候消息。不久，苏迈有事去陈留，委托一个朋友代送食物，但忘了告诉他这个暗号。一天，朋友就送了鱼。苏轼一看大惊，以为自己不免一死，乃作诗二首给其弟苏辙，并请狱吏代转。后来，神宗皇帝知道了这件事情，因爱其才，将其释放出狱。

苏轼出狱后，被贬为黄州团练副使，名义上还是做官，实则一言一行都受到严密的监视。

这段时间，苏轼不仅在政治上受到严密监视，生活上也极端困窘。在黄州时，他的薪俸少得可怜。为了节省开支，他规定每日用钱不得超过五十文，每月取四千五百文钱，分为三十块挂于屋梁，每天用叉杆挑下一块，放在竹筒内取用。有积余时，即用来招待客人。同时，他又亲率家人在东坡开田种稻，还自养了一头耕牛。一次，这头牛生病几乎死掉，王夫人说："这头牛是发豆斑，当用青蒿煮稀饭喂它。"结果这头牛真的被治好了。以后，朋友们相见，苏轼谈起这事，有人还开玩笑地称他为"牛医儿"。

面对这样的环境，苏轼仍然非常豁达坦荡，对生活充满了热情。就在开田种稻的第二年冬天，苏轼又亲率家人在东坡盖了一所房子，取名"雪

堂"，迁居其中，自号"东坡居士"。遇有亲朋好友来访，大家一起游览胜景，饮酒赋诗，倒也自得其乐。

苏轼常说："我平生没什么快意的事情，只有写作文章。我的思想感情，都能用笔尽情地加以表达。我感到世间再也没有比这更使我高兴的事了。"

苏轼还是宋代著名的书画家。在书法方面，他善于吸取各家所长，并加以大胆地发展创新，形成了独特风格，成为宋代四大书法家苏（轼）、黄（庭坚）、米（芾）、蔡（襄）之首。他曾说："吾书法虽不甚佳，然自出新意，不践古人，是一快矣。"苏轼在书法上的成就是长期勤学苦练的结果。从很小的时候起，苏轼就坚持每天练字，从不间断。据说他有一方非常珍爱的砚台，每天写字后，都要拿到书房旁边的一个小水凼里去洗，这样天长日久，这个水凼里的水就浓如墨汁，后人便把这水凼叫作"东坡洗砚池"。与书法紧密相连的绘画，苏轼也下过相当的功夫。他最喜欢竹，"宁可食无肉，不可居无竹"，所以最喜欢画竹。他在谈到学画竹的体会时说过，他为了把握竹的特征，早与竹交游，晚与竹为友，休息在竹林间，吃饭在竹阴处，这样，他就"了然于心"，"存竹于胸中"，然后才"了然于口与手"，画出千姿百态的秀竹。这个故事后来就成为一个精辟的成语"胸有成竹"，被加以广泛地运用。

元符三年（1100），苏轼64岁时从遥远偏僻的儋州遇赦北归，第二年就死在了常州。

苏轼一生为我们留下了丰富的文学艺术遗产，他的诗、词、散文以及书画，都是我们民族的宝贵财富。

辛派词的发端

辛派词是以南宋爱国词人辛弃疾的创作为代表、以抒写爱国热情为主旋律、具有慷慨豪放风格的一大词派,它产生在南宋特定的社会政治环境中。

辛弃疾(1140—1207),原字坦夫,后改字幼安,号稼轩,历城(今山东济南)人。生于金国,少年抗金归宋,献《美芹十论》《九议》等,但他受到投降派掣肘,光复故国的雄才大略得不到施展,一腔忠愤发而为词,成为南宋词坛一代大家。

南宋初期,金贵族统治者继续挥兵南下,对人民进行野蛮掠夺和残酷压迫,激起了广大人民群众的反抗。宋朝统治集团中的有识之士也主张抗金,但另外一部分人希望屈膝求和,维持偏安局面。主降派以宋高宗和秦桧为首,排斥打击主战派。一时间,和战之争代替了长期以来的新旧党争,成为朝中政治斗争的新焦点。

在这种形势下,一些具有爱国思想的词人积极投身于反抗民族压迫、恢复中原故土的政治斗争,他们的词作也突破了北宋末年的词风,上承苏

轼词恢宏豪放的思想艺术传统，下开辛弃疾爱国词派的先河。在这方面，张元幹和张孝祥是最有成就的。

在词作中反映民族斗争和由此引起的政治斗争，弘扬爱国主义精神，是南宋爱国词人共同的创作倾向。这一点，首先在张元幹和张孝祥的词中表现出来。他们的一些优秀作品与当时的政治斗争有密切联系。

张元幹（1091—1170或1161），字仲宗，号芦川居士，永福（今属福建）人，南宋初期词人。靖康元年（1126）金兵围汴京，主战派大臣李纲任亲征行营使，征召张元幹为行营属官；不久李纲被罢官，他也得罪去职。绍兴八年（1133），宋高宗欲向金拜表称臣，李纲上书反对无效，张元幹写了一首《贺新郎》（曳杖危楼去）寄给他，表示对他的支持和同情，并抒发了自己抗金报国的雄心壮志。后来枢密院编修官胡铨因上书请斩秦桧遭贬，张元幹又写了一首《贺新郎》（梦绕神州路）给他送行。词的上阕抒发对中原沦陷的悲愤之情和对故土的思念之意："梦绕神州路。怅秋风、连营画角，故宫离黍。底事昆仑倾砥柱，九地黄流乱注。聚万落、千村狐兔。"下阕表示了他对胡铨的同情与支持："目尽青天怀今古。肯儿曹恩怨相尔汝。"这表明了他同情胡铨是出于政治见解的一致，而非出于私交。当时主降派当权，张元幹因这首词被削籍除名。在编自己的词集时，张元幹将两首《贺新郎》作为压卷之作。

张孝祥（1132—1170），字安国，历阳乌江（今安徽和县）人，是与张元幹同时期而稍后、影响更大的爱国词人。高宗时中进士第一名，秦桧之孙屈居第二，因此得罪了秦桧，被诬陷入狱，后曾任建康留守等职。他积极主张收复中原，反对和议，曾两度被主降派弹劾落职。

绍兴三十一年（1161）金兵南侵被宋军击退后，张孝祥写了一首热情洋溢的《水调歌头》，其末句"我欲乘风去，击楫誓中流"，借用典故抒发了报国壮志。隆兴元年（1163）宋军北伐溃败，南宋朝廷重走妥协投降的老路，张孝祥为此写下了深沉悲壮的《六州歌头》（长淮望断）。全词节拍急促，激情迸发，通过关塞苍茫、骑火通明、壮士抚剑空叹，中原遗老南望等一幕幕具有鲜明时代特征的场景，倾诉了对主和派投降行径的愤慨和壮志难酬的悲哀。此词在当时产生了极大的社会影响。

慷慨豪放而又悲壮沉郁的艺术风格，在张元幹和张孝祥的词中都已发端。他们都继承了苏轼的词风，在表现社会现实的重大题材时，既有一种"大江东去"的宏大气魄，又有由特定时代背景决定的深沉感慨。张元幹《贺新郎》（曳杖危楼去）中的"十年一梦扬州路。倚高寒、愁生故国，气吞骄虏。要斩楼兰三尺剑，遗恨琵琶旧语"，感情起伏跌宕，正如《四库全书总目》所说："数百年后，尚想其抑塞磊落之气。"张孝祥在《六州歌头》中写道：

"征尘暗，霜风劲，悄边声，黯销凝……看名王宵猎，骑火一川明。笳鼓悲鸣，遣人惊。　念腰间箭，匣中剑，空埃蠹，竟何成！时易失，心徒壮，岁将零。"

以短促的节奏描写了形势的危急，表现了作者报国无门的愤慨。这首词直抒胸臆，不事雕琢，时而沉郁，时而昂扬，前人评价其"淋漓痛快，笔酣墨饱，读之令人起舞"。

陆游的爱国华章

陆游生在北宋将亡之前，死在南宋唯一一次大规模抗战失败之后，他终生以收复中原为己任，他最大的愿望是"上马击狂胡，下马草军书"，为国家贡献自己的全部。但是他生活的朝代恰恰是个无法发挥其才能的时代。南宋皇帝中，孝宗赵昚稍微好一点，这时也正是陆游壮年时期，但高宗没有死，他要有所顾忌，而投降派始终占据要职，当然这种局面是皇帝造成的。

孝宗是赵匡胤第四子赵德芳的直系骨血。孝宗刚刚登基时，全国军民都很振奋。而且孝宗确实连续做了几件鼓舞人心的事：恢复胡铨官职，追复岳飞官职、发还财产，起用坚定的抗战派大将张浚，赐被秦桧压制的陆游同进士出身等。隆兴抗战虽然失败，最后以"隆兴和议"收场，但到了乾道五年（1169）时，朝廷成立专门机构筹划收复中原事宜，接着就是乾道七年（1171）到乾道八年（1172）秋天一年多积极准备北伐作战，才给陆游提供一试身手的机会。陆游虽然没有取得什么实际的功绩，但成为他终生回忆的材料和实践感受的来源。

陆游爱国诗篇的创作，是从他在南郑那段经历以后开始大量出现的。在由主战到主和，从前线回到后方的第二年，陆游写出《金错刀行》。

　　黄金错刀白玉装，夜穿窗扉出光芒。

　　丈夫五十功未立，提刀独立顾八荒。

　　京华结交尽奇士，意气相期共生死。

　　千年史册耻无名，一片丹心报天子。

　　尔来从军天汉滨，南山晓雪玉嶙峋。

　　呜呼！楚虽三户能亡秦，岂有堂堂中国空无人。

本诗表达了坚决抗敌收复中原的强烈愿望及壮志难酬的愤懑之情。那把锋利无比而不得一试锋芒的金错刀便是作者主体精神的化身。"楚虽三户能亡秦，岂有堂堂中国空无人。"这是多么坚定的信念和果敢的精神。

由于壮志难酬，而且官场黑暗，难以实现抱负，诗人便经常借酒浇愁，结果却遭到政敌弹劾，罪名是"燕饮颓放"。即将授予的嘉州知州的职务也撤销了，安排了个什么也不能干的闲职。诗人哭笑不得，这算个什么罪名？既然说"放"自己干脆就"放"吧，于是自号"放翁"。

到淳熙四年（1177），陆游离开前线已经五年，朝廷再也没有任何抗战的迹象，文恬武嬉，一派歌舞升平的景象，陆游十分悲愤，写下感人的《关山月》。

　　和戎诏下十五年，将军不战空临边。

　　朱门沉沉按歌舞，厩马肥死弓断弦。

　　戍楼刁斗催落月，三十从军今白发。

　　笛里谁知壮士心，沙头空照征人骨。

　　中原干戈古亦闻，岂有逆胡传子孙。

　　遗民忍死望恢复，几处今宵垂泪痕。

诗是陆游在成都时所作，采用乐府旧题，抒发现实感慨。全诗揭露投

降政策造成的腐朽局面，戍卒报国无门的幽怨，以及沦陷区人民恢复无望的伤痛。淡淡的月光不但使三个各自独立的场景统一起来，也增加了诗的哀婉情调。

他始终没有忘怀抗战，即使在故乡隐居，也时常抒发抗战不能的悲愤。淳熙十三年（1186）春，陆游隐居故乡时写出了《书愤》。

　　早岁那知世事艰，中原北望气如山。

　　楼船夜雪瓜洲渡，铁马秋风大散关。

　　塞上长城空自许，镜中衰鬓已先斑。

　　出师一表真名世，千载谁堪伯仲间。

追述早年壮志，慨叹小人误国，抒发报国无门的惆怅。

宋光宗绍熙三年（1192），68岁高龄的陆游在即将拂晓时出门，感觉一年时光又要过去，痛感韶光易逝而恢复无期，作诗道。

　　三万里河东入海，五千仞岳上摩天。

　　遗民泪尽胡尘里，南望王师又一年。

同年冬天深夜，风雨声使老诗人梦到了当年金戈铁马的战争生活：

　　僵卧孤村不自哀，尚思为国戍轮台。

　　夜阑卧听风吹雨，铁马冰河入梦来。

晚年闲居的老诗人尚如此关注国家大事，足以表现其忧国忧民的情怀。

陆游的爱国词最有代表性的当推《诉衷情》。

"当年万里觅封侯。匹马戍梁州。关河梦断何处，尘暗旧貂裘。　胡未灭，鬓先秋，泪空流。此身谁料，心在天山，身老沧洲。"

此处的梁州便是指南郑，依然是回忆当年抗战前线那段生活。南宋是个需要英雄的时代，南宋确实是个拥有英雄的时代，可惜统治者没有为他们提供展现英雄气概的舞台。陆游的人生是个悲剧，那不是他一个人的悲剧，而是时代的悲剧。陆游的爱国诗篇不只是这些，我们只是选择其中的代表领略一下这位伟大爱国诗人的精神世界。陆游的爱情词《钗头凤》也非常有名，深受后人喜爱。

陆游的爱国精神给后世提供了无穷的精神力量。近代大学者梁启超十分钦佩陆游，写了《题〈陆放翁集〉后》。

  诗界千年靡靡风，兵魂销尽国魂空。
  集中十九从军乐，亘古男儿一放翁。

这是最确切的评价。

扩展阅读　女词人李清照

李清照，号易安居士，生于北宋神宗元丰七年（1084），大约卒于南宋高宗绍兴二十一年（1151），一生经历了北宋末叶、南宋之初两个时期。她是山东济南人，出生在一个上层士大夫家庭。父亲李格非，既是学者，又是作家，母亲能诗善文。在这样的家庭环境熏陶下，李清照从小就爱好文学，以诗词见长。

李清照十八岁的时候，嫁给太学生赵明诚。赵明诚是吏部侍郎赵挺之之子。当时赵挺之依附权奸蔡京，李清照对他深为不满，所以在献给公公

第六章　文学奇葩——探寻宋代词文化

的诗中有"炙手可热心可寒"之句。可是，李清照与赵明诚夫妇之间感情是很好的。当时，政治局势虽已危机四伏，但社会是安定的。他们夫妇经常在一起唱和诗词，搜集、鉴赏金石字画，校勘古书。二人志趣相投，生活洋溢着学术文艺气息。

有一次，有人持五代南唐画家徐熙的《牡丹图》出售，要价二十万。李清照看了，爱不释手，连忙将此人安顿在家中，自己四处筹钱。但价格实在太贵了，他们想尽办法也无力购买，最后只好又将《牡丹图》退还。为此，李清照夫妇惋惜、慨叹了好几日。

后来，李清照随赵明诚自汴京回到故乡诸城，一住十年。在十年乡居生活中，"仰取俯拾，衣食有余"，生活仍旧是安定的。他们和往常一样，仍然搜集金石古物和字画，得到一本书，就"摩玩舒卷，指摘疵病"，每夜都要到一支蜡烛燃尽为止。他们将搜集来的书画等物收藏在归来堂。归来堂里，一排排书橱上，书籍陈列得整洁有序，书画也"几案罗列，枕席枕藉"。吃罢晚饭，他们坐在归来堂里烹茶的时候，常常指点着堆积的古书，说某事在某书某卷第几页第几行，"以中否决胜负"，谁得胜谁先饮茶。李清照资质聪慧，博闻强记，往往言中，但一说中了，就不免举杯大笑，以至于弄得"茶倾覆怀中"，反而喝不成。他们俩觉得这种生活别有一种乐趣。

清代李调元《雨村词话》中说："易安在宋诸媛中，自卓然一家。"又说："不徒俯视巾帼，直欲压倒须眉。"当然，作为封建社会的一位女作家，在诗词中这样伤离惜别，抒写真情挚意，必然会遭到某些封建卫道者的攻击。与她同时代的王灼在肯定她"若本朝妇人，当推词采第一"之后，就批评她的作品"轻巧尖新，姿态百出"，并诋毁她说："闾巷荒淫之语，肆意落笔，自古缙绅之家能文妇女，未见如此无顾忌也。"

靖康二年（1127），金人南侵，陷汴京，掳徽宗、钦宗北去。高宗在建康（今南京）建起了南宋小朝廷，而把淮河以北的国土拱手出卖给金。李清照夫妇也逃往江南，他们留在故宅珍贵的金石书画大部分毁于战火。国家危机直接影响了李清照的生活，也激发了她的爱国意识。这时，赵明诚曾起复为建康知府。在建康时期，每值大雪，李清照就"顶笠披蓑，循城远览以寻诗"，抒写自己的忧愤，并且每得诗句就邀赵明诚唱和。

南渡之后，李清照曾作诗。

> 生当作人杰，死亦为鬼雄。
>
> 至今思项羽，不肯过江东。

在兵荒马乱的生活中，更大的不幸降临到李清照的头上。公元1129年，赵明诚在移知湖州的途中一病不起。李清照怀着深沉的悲痛埋葬了丈夫，自己也得了一场大病。当时形势危急，她只好先去洪州投靠赵明诚的妹婿。不久，洪州失陷，她又南逃，投靠弟弟李远。此后，她辗转避乱于台州、越州、杭州、金华等地。李清照就这样在颠沛流离、孤苦无依中度过了晚年。

第六章　文学奇葩——探寻宋代词文化

第七章 销魂曲调——宋元戏曲艺术

我国戏曲的传统剧目数以万计,其中有不少好戏,它们爱憎分明、倾向性强、人物性格突出,富有斗争精神和幽默的讽刺特色。宋元戏剧、杂剧是我国曲艺艺术的高峰,这一时期的一些剧目从各方面反映了古代人民的生活和斗争,塑造了许多可歌可泣的英雄形象。这些曲目通过长期的演出实践,积累了一系列表演艺术程式,构成了完整的舞台艺术体系。

空前辉煌的元杂剧

12世纪前半叶，南戏在南方小戏的基础上逐渐发展起来，到12世纪后半叶演变成了完整的戏曲形式。与此同时，北方的杂剧金院本的母体中孕育。在十二三世纪之际，金院本中出现了以旦、末为主演的演出形式，这便是北杂剧的前身。及至蒙古灭金、元朝定都大都后，北杂剧终于化蝶而飞，在河北、山西等北方地区流布开来。南宋覆灭、元朝一统中国后，北杂剧的光亮几乎掩盖了南戏的灿烂，特别是元贞、大德年间（1295—1307），北杂剧的繁盛书写了中国戏剧史上的一个黄金时代。

北杂剧的奇峰突起绝非偶然，元朝都城的畸形繁荣、落魄文人的沉沦失意、离乱社会的深重黑暗造就了杂剧艺术的夺目光华。

宋、金、元长年征战，对唐宋以来已有的高度发展的封建经济，无疑是一次巨大的冲击。国家人口减少，农业凋敝，城市商业活动停滞。但是就在这动乱的社会，北方黄河、淮河地区保持着相对的稳定和繁荣。在宋金战争时期，两河地区是女真贵族首先攻占的地方。在宋室南渡以后，金王朝就把两河地区作为它统治北方的基地。及至元朝初年，两河地区又成为蒙古人向南用兵的后方基地。元大都堪称当时东方的中心大都会,城市商业活动繁荣,人口极度膨胀。都市的繁华导引着北方杂剧艺人在此汇聚,伎艺演出有了立足之地。

蒙古统治者建国定都后,推行一种界限森严的等级统治。他们把人民分为四等,汉人、南人被压在底层,科举制度也一度被中止,元代文人经历了前所未有的困厄。这样,或者是出于逞示才情,或者是为了谋生存活,或者是因为与艺人的情感关联,元代文人终于迈步进入杂剧的审美天地,将原先不无芜杂的杂剧形式提高到一种新的审美层次。

正是上述这三种主要原因,使元杂剧以相当的创作规模和艺术水准,在中国乃至世界戏剧史上涂抹了辉煌灿烂的一笔。

元代是蒙古贵族统治的朝代。蒙古族原是散居在北方的、受金朝管辖的一些游牧部落。公元1206年,铁木真征服了蒙古各部,建立了统一的国家。他自号成吉思汗(元太祖),随后西征灭了西夏。其子窝阔台(元太宗)于公元1234年联合南宋灭了金朝,之后又开始了长达四十年之久的攻打南宋的战争。公元1271年,元世祖忽必烈定国号为元,公元1279年灭南宋,统一中国,直到公元1368年为朱元璋所灭。

元杂剧就是这一历史时期在北方发展起来的一种新型的戏剧。如果说,半个世纪前在南方出现的南戏标志着中国戏剧的发展定型为歌、舞、剧型的戏曲,那么,元杂剧的出现,则标志着戏曲已经发展到成熟的阶段。这主要表现在剧本有完整的故事情节、强烈的戏剧冲突、鲜明的人物性格、深刻的思想内容,语言也有很高的文学性和戏剧性,产生了一大批千古不朽的名作,造就了伟大的戏剧家关汉卿以及其他许多杰出的剧作家。

在表现形式上,唱、念、做、舞,不仅应有尽有,而且能够统一到为表演故事、刻画人物性格、揭示主题思想服务。曲、白、科三者结合得相

第七章 销魂曲调——宋元戏曲艺术

当严密。以一个套曲为主,结合宾白和动作,构成一折。一本戏通常由四折外加一个楔子组成,结构严谨,而又很有章法。

元杂剧的演员艺术,不仅角色行当齐全,而且很讲究人物装扮和演唱。很多演员有很高的艺术成就。

元杂剧在中国戏曲声腔史上,更是独树一帜,创造的北曲这一声腔系统,对戏曲音乐的形成和发展均有重大意义。因元杂剧用北曲演唱,又称北曲杂剧,或北杂剧,与散曲合称为元曲。

总之,元杂剧以其多方面、空前辉煌的艺术成就,不仅在中国戏曲史上占有极为显要的地位,而且在中国文学史上,元曲一直与唐诗、宋词鼎足而立,成为一代文学的代表。

知识链接

曲牌

曲牌是对各种曲调的泛称。元代北曲曲牌共335个,每一个曲牌都有曲调、唱法,同时规定了该曲的句法、平仄。曲牌大都来自民间,一部分由词发展而来,曲牌名也有和词牌名相同的,但是二者格式并不完全一致。此外,还有专供演奏的曲牌。

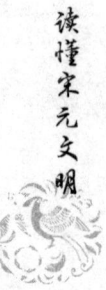

元杂剧的基本构成

元杂剧是在金院本的基础上，广泛吸收当时北方流行的诸宫调等说唱艺术和各族民间歌曲等多种艺术营养形成的。

在金代，院本、杂剧本为一体。到了元代，杂剧才从院本中分离出去，形成了更为完整的戏曲，而院本仍然保持短剧的体制。

据考证，金代末期的院本中，就已经孕育元杂剧这种更为成熟的戏曲形式。那就是用各种曲调演唱的故事情节比较复杂的歌舞戏，如大院本和院幺。这类剧目为元杂剧所继承。如金院本有《张生煮海》《杜甫游春》《苏武和番》《刺董卓》《范蠡》《唐三藏》《师婆儿》《白牡丹》《芙蓉亭》《刘盼盼》《孟姜女》《水母》《武则天》等，元杂剧就有《沙门岛张生煮海》（李好古）、《曲江池杜甫游春》（范康）、《持汉节苏武还朝》（周文质）、《银台门吕布刺董卓》（无名氏）、《姑苏台范蠡进西施》（关汉卿）、《唐三藏西天取经》（吴昌龄）、《借通县跳神师婆旦》（杨显之）、《吕洞宾戏白牡丹》（无名氏）、《韩彩云丝竹芙蓉亭》（王实甫）、《刘盼盼闹衡州》（关汉卿）、《孟姜女千里送寒衣》

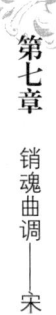

第七章　销魂曲调——宋元戏曲艺术

（郑廷玉）、《泗州大圣降水母》（高文秀）、《武则天肉醉王皇后》（关汉卿）等。

由于元杂剧是以唱为主，原院本角色中的末、旦，逐渐发展成为元杂剧的主角，而以滑稽调笑见长的副净和副末退居次要地位。

其次是对诸宫调和民歌等民间艺术的吸收。

诸宫调是北宋后期从北方兴起的说唱艺术。据宋代王灼《碧鸡漫志》卷三记载：

熙、丰、元祐间……泽州孔三传者，首创诸宫调古传，士大夫皆能诵之。

泽州，即今山西临汾地区，金代为平阳府。诸宫调发展到金代，已成为民间最流行、最有影响的说唱艺术。它体制宏伟，可以说是唱长篇故事，如《西厢记诸宫调》。

诸宫调是以第三者，即演唱人的口吻叙述故事，以唱为主，间有说白。所唱曲子，不是零支的曲子，而是把同一宫调的几支曲子连成一套，称套曲。再把许多不同宫调的套曲连接起来，就是诸宫调。因为各种宫调音律不同，就能表现出各种复杂的情绪，便于表现复杂的故事情节和丰富的人物性格。演唱时，由一人主唱。主奏乐器为琵琶（所以《董西厢》才又称《西厢记掐弹词》或《弦索西厢》），辅助乐器有锣、鼓和拍板。

发达的说唱艺术给元杂剧多方面的影响。如剧本要有完整的故事情节。《西厢记诸宫调》由王实甫改编成《西厢记》杂剧，就足以说明这种影响。而决定性的影响，是元杂剧由于吸收了诸宫调联套的形式，从而解决了戏曲唱腔的体制问题，即形成了曲联体的戏曲音乐。金院本虽然也有用乐曲演唱的剧目，但仅停留在用唐宋大曲、法曲和词调演唱，只是单支曲子的反复运用，尚未形成有机的戏曲唱腔体制。较之前代，元杂剧的音乐无疑是一次飞跃。同时，诸宫调一人主唱的形式，也为元杂剧所吸收，所以它一本戏通常也是一个角色（或末或旦）唱，其余均用念白。

元杂剧吸收的北方民歌，既有汉族的，也有契丹、女真、回回等少数民族的。有些歌曲，早在北宋即已流入中原，如曾敏行《独醒杂志》卷五记载：

先君尝言，宣和末客京师，街巷鄙人多歌番曲，名曰《异国朝》《四国朝》《六国朝》《蛮牌序》《蓬蓬花》等。其言至俚。一时士大夫亦皆歌之。

这些曲名，有些便成为北曲的曲牌。由于民歌形式活泼，语言通俗生动，元杂剧的曲词变得更为灵活，更为口语化。尤为重要的是，这些民歌表现了我国北方各族人民的思想感情、生活习性和性格特征，使北曲形成了特有的刚劲豪健的风格。所以《南词叙录》说："今之北曲，盖辽金北鄙杀伐之音，壮伟狠戾，武夫马上之歌。"

元杂剧对上述这些艺术营养的吸收，并非简单地照搬，或生吞活剥，而是按照戏曲艺术的要求，进行提炼、改造和创新，从而形成了独特的体制。如，同是曲牌联套，诸宫调的一套多由两三支曲子组成，不仅很短，而且每支曲子都保持词的上下阕的格式。这样，势必得频换宫调和韵脚，从而显得单调和零乱。由于说唱艺术是靠第三者连唱带说地叙述，还可以把故事说得很连贯，而杂剧必须通过剧中角色的演唱抒发人物的感情，所唱套曲就不能太短，也不宜频换宫调。所以杂剧的套曲一般是由十来支曲子组成，多者有二十几支的，而且一支曲子不分阕。一套曲词共押一个韵。在剧本结构安排上，一个套曲也就成为一折。一个戏四折一楔子，也只用四五个宫调，既富于变化，又浑然一体。

元杂剧的兴盛

元杂剧在金末元初（即公元十三世纪三四十年代）产生以后，很快便在中国的北方兴盛起来。从至元到大德年间（1264—1307），是元杂剧最辉煌的时期。元杂剧的代表作家关汉卿、王实甫、白朴、马致远、纪君祥等，代表作品《窦娥冤》《西厢记》《墙头马上》《汉宫秋》《赵氏孤儿》等，都出在这一时期。

元杂剧何以能在很短的时间内这样兴盛？原因是多方面的，它是受政治的、经济的、思想的和艺术的多种因素综合影响促成的。

第一，元杂剧作为一种新型的综合艺术，形式新颖而又精美，对各阶层的观众都有巨大的吸引力。

由于继承了宋金杂剧，同时又大量吸收了当时民间流行的诸宫调等说唱艺术、各族的民间歌曲及其他多种技艺，元杂剧成为全新的戏曲艺术。它比宋金杂剧的滑稽短剧和用零支曲调演唱的歌舞剧，内容充实，结构严谨，艺术手段丰富多彩。与诸宫调等说唱艺术相比，这种直接由演员在舞台上扮演人物的戏曲，给人完整的视觉形象，当然对观众更有吸引力。而吸收说唱艺术和民间歌曲的营养，又使杂剧保持了生动活泼、通俗易懂的优长，保证了它的群众性。所以，这种新型戏曲艺术一经出现，便令人耳目一新，在短短的几十年里便蓬勃发展起来。

第二，有一大批关心人民的平民知识分子积极投身杂剧创作。

在中国文学史上，文人进行创作，本来司空见惯。有些文学样式，如赋、诗、词以及散文，甚至还为他们所垄断。但是像元代这样，有大批文人参加民间戏曲的创作，却具有重大意义。

元代有姓名可考的杂剧作家有二百来人。《元代杂剧全目》著录的七百三十七本作品中，有姓名可考的作家的作品就占五百本。在现存元杂剧一百五六十本中，有姓名可考作家的作品占一百一十余本，无名氏作品仅占五十余本。就是无名氏作者，很多也是读书人。这些数字都说明知识分子作家作品所占比重之大，而且他们很多人就是以写杂剧为职业的专业作家。阅读元杂剧剧本，不论是有名作者写的，或是无名氏作家写的，使你感到作者都有很高的艺术修养。所填的词曲，所写的念白，也都生动、流畅而又优美。这些剧本，既是当行的演出脚本，又是可供阅读的文学作品。

更为重要的是，这批知识分子不仅有很高的修养，而且在思想感情上与当时的广大人民息息相通。他们能够表达人民的愿望，喊出人民的心声，自觉或不自觉地成为人民的代言人，用他们的杂剧作品鼓舞和激励广大人民群众反抗封建统治。如《窦娥冤》就对当时丑恶的社会、黑暗的政治进行了强烈的控诉，为备受剥削压迫直至蒙冤被害的普通妇女鸣冤叫屈，伸张正义。《陈州粜米》也属于这一类。《西厢记》歌颂和称赞了青年冲破封建宗法观念束缚的叛逆精神，表达了愿普天下有情人终成眷属的美好理想。还有像《李逵负荆》等直接对农民起义英雄的热烈歌颂，都表现了这一点。

第三，元代思想文化统治较弱，作家所受束缚较少，享有较多的创作自由。

元代疆域广阔，社会开放，多民族融合，形成了多元的思想文化结构。而统治者主要靠佛教、道教作为思想统治的工具，中国过去占统治地位的传统的儒家思想有所松动。作家在创作上也没有更多法律上和思想上的限制。虽然在《刑法志》中也有"妄撰词曲，诬人以犯上恶言者处死""讥议者流"等规定，但很少发现执行这些规定的事例。正如元人郑介夫所说："今者号令不常，有同儿戏，或一年二年，前后不同，或纶音初降，随即泯灭。遂至民间有一紧二慢三休之谣。"（《太平策》）关汉卿写了那么多具有强烈反抗意识的剧本，也未遭到迫害；王实甫的《西厢记》，当时也未被认为是淫书而予以禁毁。

第四，元杂剧得到了广大人民的喜爱和支持。

由于元杂剧能够反映人民的心声，鼓舞人民的斗志，又能给人很高的艺术享受，所以很受城乡广大观众的欢迎。在城市，就有"当场敷演人钦敬""占排场曾使万人喝彩"的记载（《青楼集》）。在杂剧的发祥地之一山西平阳地区，很多乡村由村民自愿集资修建舞台，供剧团演出。一些剧团也深受观众的喜爱，如泰定元年（1324）洪洞县明应王庙所绘元杂剧演剧壁画，题字为"尧都见爱，大行散乐忠都秀在此作场"。尧都即平阳，可见这个大行院的散乐艺人忠都秀很受平阳地区人民的喜爱。他们的演出在人们的心目中留下了深刻的印象。

第五，城市的繁华、市民阶层的扩大，为元杂剧的兴盛奠定了物质基础和群众基础。

全国统一后，统治者也采取了一些措施，使农业和手工业有所恢复和发展，对手工业更为重视，将手工业工人集中在大城市里，建立各种作坊，加紧制造生活用品和军需品，以满足统治者享乐、征战及对外贸易等方面的需求。仅集中在京城大都（今北京）的工匠就有几十万人。元朝与欧、亚各国的贸易往来一直很密切，遂使一些大城市异常繁华。大都，不仅是全国政治中心，也是经济、文化和对外贸易的中心。《马可·波罗行纪》第九十四章记述当时大都盛况说：

  应知汗八里城（即大都）内外人户繁多，有若干城门即有若干附郭。此十二大郭之中，人户较之城内更众。郭中所居者，有各地来往之外国人，或来入贡方物，或来售货宫中。所以城内外皆有华屋巨室，而为数众多之显贵邸舍，尚未计焉。……尚应知者，凡卖笑妇女，不居城内，皆居附郭。因附郭之中，外国人甚众，所以此辈娼妓为数亦伙，计有二万有余，皆能以缠头自给，可以想见居民之众。外国巨价异物及百物之输入此城者，世界诸城无能与比。……百物输入之众，有如川流之不息。仅丝一项，每日入城者计有千车。……此汗八里大城之周围，约有城市二百，位置远近不等，每城皆有商人来自买卖货物，盖此城为商业繁盛之城也。

城市如此繁华，必然促成娱乐行业的发展，这就为杂剧的兴盛创造了必要的物质条件。杂剧从大都兴盛起来，这也是重要原因之一。杂剧的前期作家，多是大都人，演员亦然，《青楼集》记载的著名女演员一百多人中，大都就有近四十人。可见城市的繁华与杂剧兴盛的密切关系。

杂剧宗师关汉卿

关汉卿的确凿生卒年月无从考证，从现有材料我们只能推断出他大致的生活年代，大约是在公元1210年到1300年之间。一般认为，关汉卿是大都人，长期活动于瓦肆勾栏之中，大概是一位书会才人。关汉卿博学能文，滑稽多智，还有躬践排场、面敷粉墨的舞台经验。他一生创作了六十五种杂剧，保存下来的至少有十八种。

关汉卿是一位多产作家，这表明关汉卿创作力旺盛；关汉卿创作题材广泛，这又表明他生活阅历广、生活积累丰厚。不管是公案戏、爱情戏，还是历史戏、现实剧，他都能驾驭，体现出了不同寻常的艺术创造力。不仅如此，关汉卿的创作风格还多姿多彩。无论是悲剧、喜剧，还是悲喜剧创作，关汉卿都能把握，并且取得了很高的成就。悲剧如《窦娥冤》《西蜀梦》《哭存孝》，喜剧如《救风尘》《望江亭》《调风月》等，悲喜剧如《鲁斋郎》《拜月亭》等，都是杂剧创作中的精品。

作品多产，题材广泛，风格多样，关汉卿为北杂剧作家之冠是当之无愧的。元末明初戏曲作家贾仲明说关汉卿"驱梨园领袖，总编修师首，捻杂剧班头"，这一评价是非常公正的。

关汉卿的创作历程，与北杂剧从形成到鼎盛基本同步。因此，关汉卿同其他早期杂剧作家一样，可以称得上是杂剧艺术的创始人。这些作家都面临一个问题，即如何使杂剧形式更加严谨规范？如何在四折一楔子的体制下组织戏剧冲突？总之，他们都必须在没有多少实践经验的基础上开拓出杂剧艺术的道路。王国维曾高度评价关汉卿的开拓之功，说他"一空倚傍，自铸伟词"（《宋元戏曲考》）。关汉卿的杂剧的确突破了古典文艺的藩篱，用当时人民群众的口头语言，反映了当时人民群众普遍关心的社会问题，给中国文学艺术带来了清新的空气，为杂剧艺术乃至后世戏曲的发展奠定了基础。

关汉卿在杂剧艺术上的开拓之功表现在三个方面：戏剧结构精炼，情节起伏，富于戏剧性；戏剧语言本色当行，自然质朴，富于性格化；创作思想积极，直面现实，富于斗争性。

关汉卿的大多数剧作结构符合"起要美丽，中要浩荡，结要响亮"的原则。北杂剧四折一楔子、一人主唱的体例，对杂剧结构提出的一个根本要求就是精炼。关汉卿的成就在于他不仅能做到精炼，而且能在精炼中求起伏、求丰富、求变化，这一特点在《救风尘》《望江亭》《拜月亭》等作品中都有所体现。

本色当行是北杂剧语言的特色，最能代表这种特色的，首推关汉卿。关汉卿剧作的语言主要源自生活，不避俚俗，妙在自然。如《窦娥冤》第二折里《斗虾蟆》一段曲词：

"又无羊酒缎匹，又无花红财礼，把手为活过日，撒手如同休弃，不是窦娥忤逆，生怕旁人论议。不如听咱劝你，认个自家晦气，割舍得一具棺材，停置几件布帛，收拾出了咱家门里，送入他家坟地……休要心如醉，意似痴，便这等嗟嗟怨怨，哭哭啼啼。"

王国维曾评价说:"此一曲直是宾白,令人忘其为曲。"

关汉卿剧作的语言除本色外,还有充分性格化的特点。《拜月亭》中王瑞兰的语言清丽妩媚,《单刀会》中关羽的语言壮阔豪迈,《救风尘》中赵盼儿的语言爽朗率直……关汉卿以塑造妇女形象著称。朝廷命妇、大家闺秀、卖身婢妾、老妪妇人,在关汉卿笔下无不被刻画得栩栩如生。关汉卿也成功地塑造了不少男性形象。清官廉吏、文人学士、英雄名臣,都被塑造得须眉毕肖。关汉卿剧作的语言,与以文采见长的马致远、王实甫、白朴诸家互相辉映,共同构成了元杂剧语言艺术的典范。

关汉卿是一位具有胆识、魄力、激情和正义感的剧作家。他的狂呼和呐喊,他的嘲笑和怒骂,为中国古代的文学艺术带来了一股"狂飙"。

关汉卿在他充满战斗性的悲剧《窦娥冤》中,毫不留情地揭露了元代的滥刑虐政。他通过无辜窦娥的心声,抒发了惊心动魄的不平之鸣:

"有日月朝暮悬,有鬼神掌着生死权。天地也,只合把清浊分辨,可怎生糊突了盗跖颜渊。为善的受贫穷更命短,造恶的享富贵又寿延。天地也,做得个怕硬欺软,却原来也这般顺水推船。地也,你不分好歹何为地!天也,你错勘贤愚枉作天!哎,只落得两泪涟涟。"

这段曲词充满了一种强悍的精神气质,如果缺乏强烈的正义感,缺乏澎湃的激情,缺乏胆识和魄力,是写不出这呼天抢地的呐喊和责骂的。

关汉卿在悲剧创作中磨砺了他批判现实的剑刃,而在喜剧创作中总是以一种理想浪漫的方式获取战斗的胜利。《望江亭》和《救风尘》两出戏突出地体现了关汉卿乐观的精神风貌。一个剧作家能在现实的污泥浊水中矗立不倒已属不易,能够挥舞刀剑战斗反抗则难能可贵,能够保持昂扬而乐观的生活态度就属于高拔超迈了。批判现实主义和乐观的理想主义是关汉卿奇崛的精神境界的两面旗帜。

关汉卿一生多部作品中,有烟花粉黛,有公案传奇,有悲欢离合,有

叱奸骂谗，但从没有神仙道化和隐居遁世。关汉卿特殊的人格造就了他少有人比肩的强悍精神气质，他代表着一种积极的生活态度和价值取向，代表着杂剧创作中一种最有价值的写作方式。

杂剧推手马致远

马致远，字千里，号东篱（一说字致远，晚号东篱），大都人，元代著名作家。他的年辈晚于关汉卿、白朴等人，生年约在公元1250年之前，卒年约在至治改元到泰定元年（1324），与关汉卿、郑光祖、白朴并称"元曲四大家"。

马致远的杂剧在元代已受到推崇。元代音韵学家周德清尊马致远为杂剧四大家之一，明代朱权则把马致远列于元曲家之首。马致远在众多杂剧大家之中的确是风格独特、思想复杂的一位。

马致远的杂剧类似散曲，重文辞，重抒情，带有强烈的主观色彩。而就抒情来看，马致远更擅长悲剧性的抒情，情调凄凉、怆伤、哀婉，体现出感伤抑郁的个人气质。

马致远的抒情技巧不同凡响，说他是杂剧抒情曲词创作的代表人物之一，并不为过。他的抒情细腻，讲究层次。不妨看看《汉宫秋》第三折里

描写汉元帝送别昭君后唱的两支曲子。

[梅花酒]呀！俺向着这迥野悲凉。草已添黄，兔早迎霜，犬褪得毛苍……他他他伤心辞汉主，我我我携手上河梁，他部从入穷荒，我銮舆返咸阳。返咸阳，过宫墙；过宫墙，绕回廊；绕回廊，近椒房；近椒房，月昏黄；月昏黄，夜生凉；夜生凉，泣寒螀；泣寒螀，绿纱窗；绿纱窗，不思量！

[收江南]呀！不思量除是铁心肠，铁心肠也愁泪滴千行。美人图今夜挂昭阳，我那里供养，便是我高烧银烛照红妆。

如此细腻，讲究层次的抒情，表明了作者心思的灵动、心灵的易感，也表明作者掌握了熟练的修辞技巧及驾驭语言的能力。

马致远的语言风格外枯而中膏，似淡而实美，不事藻绘，典雅清丽。比如《青衫泪》第二折里裴兴奴唱的一支曲子。

[二煞]少不的听那惊回客梦黄昏犬，聒碎人心落日蝉。止不过临万顷苍波，落几双白鹭，对千里青山，闻两岸猿啼。愁的是三秋雁字，一夏蚊雷，二月芦烟。不见他青灯黄卷，却索共渔火对愁眠。

语言汩汩流出，颇有文采之美，但又清丽如画，不费推敲，作者的语言功力由此可见一斑。吴梅在《曲学通论》中说，元曲有三家，一宗汉卿，一宗二甫（即王实甫、白朴），一宗东篱。的确，马致远的语言有别于以关汉卿为代表的本色派，也不同于王实甫、白朴绮丽的文采派，他独成一家，别具风貌。

马致远杂剧创作的思想倾向也极具代表性。他作品中表达的失落、哀叹、超脱、隐遁，并非杂剧创作中的不和谐音，它代表了一种生活价值取向、一种人生态度，它是某类人在黑暗现实中所能采取的一种生活方式。

马致远的《汉宫秋》取材于史书、笔记及说唱文学中有关王昭君事迹的记载。昭君和亲本是汉朝统治者的一种政治策略,但昭君故事在历史的流传中渐渐发生了变化:昭君和亲成了汉族尊严受辱的象征,王昭君的形象也被定型为一个忠贞爱国的形象。

《汉宫秋》在处理昭君题材时遵循的也是上述思路,另外马致远增写了毛延寿献图叛国的情节。如此,《汉宫秋》一剧,在元代特殊历史背景下就显现出了作者遮掩不住的创作意图:伤感——汉族在与少数民族的较量中失利了,批判——毛延寿献图叛国无耻变节,歌颂——昭君忠贞不渝以死殉汉。这三种情感中悲怆的失落感表达得最为充分。汉元帝为失去心爱的妃子,无奈地寄情于幽梦孤雁之间,这无疑是马致远借元帝幽思抒发自己亡国的哀痛。

马致远创作思想的历程是非常清晰的。《汉宫秋》抒发的是作者对国家民族命运颓败的失落感。到了《荐福碑》,作者关注的是个人命运的穷通得失了,思想日趋消极,宿命论色彩日趋浓重。再到《黄粱梦》《任风子》《陈抟高卧》这些作品,马致远的创作思想已然走上了寻仙访道、归隐林泉的路子。正所谓"身安静宇蝉初蜕,梦绕南华蝶飞飞",马致远倾心于"卧一榻清风,看一轮明月,盖一片白云,枕一块顽石"的逍遥。马致远由此成为杂剧作家中的一个典型。

王实甫与《西厢记》

王实甫的作品共计十四种,保存完整的只有三种,《西厢记》是一部出类拔萃的作品。明人贾仲明曾作词赞叹王实甫:"作词章,风韵美,士林中等辈伏低。新杂剧,旧传奇,《西厢记》天下夺魁。"

《西厢记》的题材,最早出于唐代元稹的传奇小说《莺莺传》。之后,又出现了金代董解元创作的说唱文学作品《西厢记》诸宫调。"董西厢"一改《莺莺传》始乱终弃的故事格局,将张生、莺莺的故事改写成一出争取婚姻自主、终于获取胜利的喜剧。王实甫的《西厢记》在此基础上做了创造、调整,增强了戏剧冲突,人物形象更加丰满、统一,思想境界更高一筹,在结构上也一洗拖沓、枝蔓的弱点。

《西厢记》共有五本二十一套曲子,在有些套曲里,还有两三个角色分唱的情形,这对杂剧固有的剧本体制有所发展,由此也能看出王实甫的创造性。二十一套曲子承载了一个容量颇大的故事,也向世人传达了一个积极的、富于挑战性的主题:爱情自由、婚姻自主。这一主题是封建时代青年男女的内心潜藏的模糊意愿和希望,而《西厢记》通过一个传奇故事，通过几位丰满的人物形象，把这种意愿和希望形象化、典型化、鲜明化。

张生与崔莺莺的故事早已为人熟知。两人普救寺内一见钟情，使莺莺把原先与郑恒的婚约弃置在了一边。这种内心动作的设计，在观众伦理道德观念的审视下，无疑是在冒险。王实甫必须给张生一个表现自己可爱的机会，使观众觉得莺莺的选择是可以理解的，于是便有了"白马解围"的故事情节。而张生在以后剧情的发展中，也越来越显示出痴情、诚挚、老实的特点。如此，张生和莺莺的爱情得到了观众的认同，《西厢记》全部的冲突就集中在了合理的爱情与不合理的阻碍之间的争斗上。

老夫人在普救寺被围的危急关头，同意解除莺莺原先的婚约。待危机过后，她食言反悔，这是封建门第等级观念决定的，老夫人的态度和立场具有客观必然性。在如此的社会环境里，张生与莺莺的爱情更有可能成为一出悲剧，但是王实甫硬是给《西厢记》安排了一个喜剧的结局，而且并不牵强和生硬，关键在于红娘的艺术形象丰满而可信。

红娘的穿针引线，使张生、莺莺的关系进入一个更明朗、更自觉的情感阶段，最后两人同居，使这段爱情完成了决定性的一步。同样也是因为红娘在棍棒下满怀勇气地批评了老夫人的言而无信，使得客观阻力出于无可奈何认可了张生、莺莺的私下结合。王实甫终于把一个圆满的结局奉献给了观众。

这一团圆结局是否因为太过理想而显得廉价呢？王实甫的高明之处就在于，他始终把握住了红娘丫鬟的身份，这一身份决定了红娘为成全这段爱情，必须承担屈辱、艰辛和坎坷。所以，爱情的胜利是通过巧妙的斗争获得的，包含足够的客观真实性。《西厢记》的结局，"是理想的，又是真实的；是美好的，又是艰难的；既代表着健全的情感形态和婚姻形态的必然方向，又依靠着一系列可信的偶然性机遇的佑护——这才是人们真正喜爱、长久喜爱的大团圆"。

《西厢记》客观上体现出了勇于追求爱情的精神，这无疑是对封建礼教的大胆挑战。《西厢记》思想上的积极意义就在这里。它的人物关系：一位公子，一位小姐，一个丫鬟，一位老夫人，成了后世戏曲创作中反复出现的一种人物结构。这不是偶然的，因为王实甫富于创造性地为以情反礼的爱情戏，找到了这种有着充分表现力的戏剧结构形式。若要突破这种形式，需要更大的创造力。

《西厢记》一向得到人们高度的评价。明代王世贞《曲藻》说："北曲故当以《西厢》压卷。"清代李渔《闲情偶寄》说："吾于古曲之中，取其全本不懈，多瑜鲜瑕者，惟《西厢》能之。"种种评价，或是出于对此剧思想性的赞叹，或是出于对此剧语言艺术的叹服。

在语言的运用上，《西厢记》堪称古代剧诗的范本。该剧语言在性格化方面成就突出。张生的语言开阔、清丽、洒脱不俗；红娘的语言俏皮、泼辣，俗语、成语总是能脱口而出；莺莺的语言旖旎、蕴藉、凝重，符合相国千金端庄、含蓄的特点。

《西厢记》的语言素材丰富广泛。该剧以民间口语为主体，有时化用唐诗宋词的语句，推陈出新，自然贴切，有时还极为机智地使用经史书籍中的语句，常常反其意用之，形成一种特殊的语言效果。

另外，《西厢记》在语言修辞上可谓集大成者，甚至可以当作修辞手法运用方面的一个范本。总之，王实甫称得上是古代一位运斤成风的语言艺术巨匠，他的《西厢记》毫无疑问也是中国戏剧史上最重要的剧目之一。

宋元时期的南戏

南戏又称南曲，因其最初产生于浙江的温州永嘉一带，又被称为温州杂剧或永嘉杂剧。其产生时间大约在南宋前期，至迟到宋光宗时已经成熟。元灭宋后，南戏传入北方，明建立后仍继续发展，明传奇即从南戏发展而来。较之宋杂剧，它是更为成熟的戏曲形式，对后世戏曲的影响极为深远。

关于南戏的产生和发展，明代徐渭《南词叙录》中有一个大致的记载：

南戏始于宋光宗朝，永嘉人所作《赵贞女》《王魁》二种实首之。故刘后村有"死后是非谁管得，满村听唱蔡中郎"之句。或云："宣和间已滥觞，其盛行则自南渡，号曰'永嘉杂剧'，又曰'鹘伶声嗽'。"其曲则宋人词而益以里巷歌谣，不叶宫调，故士夫罕有留意者。元初，北方杂剧流入南徼，一时靡然向风，宋词遂绝，而南戏亦衰。顺帝朝，忽又亲南而疏北，作者猬兴，语多鄙下，不若北之有名人题咏也。永嘉高经历明，避乱四明之栎社，惜伯喈之被谤，乃作《琵琶记》雪之，用清丽之词，一洗作者之陋，于是村坊小技，进与古法部相参，卓乎不可及矣。

从这段记述中可以看出，徐渭认为南曲兴盛于南宋光宗年间（1190—1194），他也不排斥祝允明在《猥谈》中所说的南戏始于宣和（1119—1125）之后，南渡之际（1127）的说法，这中间相差的几十年应该是南戏由民间的"村坊小技"发展成为较成熟的戏曲的时间，因为一种艺术由民间走向为文人重视的道路是需要一定时间的。南戏原本是民间的歌舞小戏，不太讲节奏，只是市井男女用当地民间歌谣，吸取一些宋人的词调顺口而歌一些故事的民间艺术，即使是一些较成熟的剧本，也多是不知名的艺人和组织在书会里的下层知识分子创作，不受文人和士大夫的重视。由于它不受宫调限制，比较灵活，声调也就比较动听（即徐渭所言"鹘伶声嗽"），其内容，单纯是一种民间技艺，所以《赵贞女》《王魁》《张协状元》等剧目多表现对人民尤其是妇女不幸的同情和对不道德行为的批判，具有强烈的人民性和战斗性，所以在民间广为传唱。

南戏在浙闽地区流行之后，向四处传播，逐渐由农村走向城市，连南宋都城临安也盛行起来，并吸引了文人学士为之撰写剧本。临安的瓦肆勾栏里各种表演和冲州撞府的"路歧"人的卖艺演出，为南戏广泛吸收北方的各种技艺创造了条件。

元初，由于北方杂剧有着更完善的戏曲形式，文化中心处在北方，所以北杂剧有着所向披靡的发展趋势，但南戏在稍受压制之后，不但未被挤垮，反而吸收北杂剧的营养，发展更为迅速，出现了专工南戏的演员，也有不少文人为之撰写剧本，成为与北杂剧齐头并进在南方广为流行的一支劲旅。而当北杂剧衰微之时，南戏则呈现空前繁荣的景象，出现了一批对后世影响极大的作品，这就是从南戏发展而来的明清传奇。

南戏的产生和发展过程，以及它继承的艺术传统，都与杂剧不尽相同，它的剧本形式有着与杂剧不同的艺术特色。

南戏的舞台演出

南戏的戏班,既有业余的,也有民间职业的。但宋元两代教坊都不演南戏。

民间职业戏班一般以家庭为基础,规模不大。这些剧团或在城市勾栏里演出,相对固定,或冲州撞府四处流动,当然也免不了要为官府义演。业余戏班在早期颇为兴盛,南宋杭州就有著名的绯绿社。当时被称作书会的团体也带有业余剧团的性质。这些书会由下层知识分子组成,既编写剧本,也组织演出南戏。当时知名的书会有温州的九山书会、永嘉书会,杭州的古杭书会,苏州的敬先书会。

南戏的角色行当已比较齐全,是在民间小戏的旦、丑基础上,吸收宋杂剧角色行当体制长处的基础上形成的,共分为生、旦、净、末、丑、外、贴七种,以生、旦为主。"生""旦"一般是剧中的男女主人公,多为青年男女。"外"扮次要年长的男女角色,有的剧中也称"虔""婆""卜"等。"贴",即"贴旦",意为旦外再贴一旦,一般是青年女子。"丑"为喜剧角色,男女老少都能扮。"净"由宋杂剧"副

第七章　销魂曲调——宋元戏曲艺术

净"演化而来，也是喜剧角色，不同于后世的"净"，与"丑"没有太大区别。"末"即"副末"，除了担当开场的任务，还扮演不太重要的男性角色。"生"即相当于元杂剧中的"正末"。

南戏的化妆采用素面化妆和花面化妆两种形式，正剧角色生、旦用素面化妆。花面化妆的为净、丑等喜剧角色，基本是黑白二色。

南戏源于民间，并且一直没有走入宫廷，所以其舞台演出时，无论是服装还是道具都比较简单。虽然剧中人物的穿戴已经注意到人物的身份，如《张协状元》中张协出场时是秀才，其装扮为裹高筒头巾，穿白衬衫，着皮靴，在古庙避难时，穿粗道服，中状元时则戴幞头，穿绿袍，系腰带，但南戏的服饰没有形成元杂剧那样较完备的规则。南戏的道具也很简单。如张协赶考时带有雨伞、包裹等，但这些道具没有元杂剧复杂。舞台陈设也较简单。比如《张协状元》第四十八出有"净丑虚坐"，说明台上甚至连桌椅都没有，有时就由人扮演道具，比如《张协状元》，竟拿丑当桌子，将杯盘摆在他的背上；第二十一出，丑（王德用）用末（仆人）当椅子坐。舞台布置简单，使得南戏的表演更具虚拟化的特点，而这种虚拟表演一直是中国传统戏曲的艺术特点，它能无中生有，又能给人无穷的想象。至于以人做道具，则会在这些"道具"的插科打诨中，增加戏剧的喜剧性。

宋元南戏在民间歌舞小戏的基础上，将宋杂剧为主体的各种技艺吸收进来，经过一番融会贯通，表现手段逐渐丰富圆熟起来，形成了传奇的基本格局，为明代长篇剧本的大量创作提供了经验。

高明与《琵琶记》

《琵琶记》是一部影响很大的作品。作者高明,字则诚,一说名高拭,字则成,人称东嘉先生,浙江瑞安人,约生于元成宗大德初年,曾一度为官,但因与上司不睦,无心仕进,旅居鄞县城东的栎社,闭门谢客,专心著述。

这出戏与《赵贞女》的故事相关,是高明"惜伯喈之被谤,乃作《琵琶记》以雪之"。在此之前,有关蔡伯喈与赵五娘的故事多半写蔡伯喈背亲弃妇,为雷暴震死,赵贞女求见丈夫不得,却被丈夫放马踹死,其矛头直指负心之人。高明大约感到这样的故事过于激烈,悲剧性也太浓,并且对历史上的正派文人蔡邕落下恶名甚是不满,于是编成了这本翻案之作,将负心忘义的恶棍变成了全忠全孝的正人君子,尖锐的悲剧冲突变成了温和的大团圆结局。也正因为作者有这种"不关风化事,纵好也徒然"的用戏曲达到社会教化的目的的主张,这出南戏被明朝开国皇帝朱元璋推崇一时,他认为"五经四书,布帛菽粟也,家家皆有;高明《琵琶记》如山珍海错,富贵家不可无"。那么这本翻案之作是怎样翻案的呢?

年轻的书生蔡伯喈辞了白发高堂和新婚娇妻赵五娘上京就考，中状元后被皇帝封官并下旨要他与牛丞相之女成亲。蔡伯喈以家有父母需供养且业已成亲为由辞官拒婚，为皇帝和牛丞相所阻，只好留京任职并娶了牛小姐。远在家乡的五娘面对灾荒，艰难地奉养着公婆。家中东西卖光了，赈灾粮被官府贪污了，赵五娘靠别人接济为年迈的公婆弄一口淡饭，自己只好吃糠。起初公婆还以为不与他们共食的五娘是自己开小灶，得知真相之后，婆婆感愧而死，公公也不久病亡。二老临死时对一去三年无消息的儿子满是怨恨，五娘剪卖了自己的头发，埋葬了老人，一路靠弹琵琶卖唱乞讨上京寻夫。京中的蔡伯喈也一直念着家中的父母，牛氏明达，请求父亲允许蔡伯喈回家探亲，五娘寻夫来到状元府，悲惨的故事打动了牛氏，蔡伯喈得知父母双亡的噩耗，悲痛万分，欲辞官归乡扫墓。皇帝得知此事，旌表了伯喈、五娘、牛氏以及伯喈亡故的父母。

据《后汉书》记载，"邕性孝笃。母尝滞病三年，邕自非寒暑节变，未尝解襟带，不寝寐者七旬。母卒，庐于冢侧，动静以礼"。也就是说，历史上的蔡邕的确是一个孝子，这样改动就其历史性来说可谓还其本来面目，这部出自文人之手的戏曲，无疑反映了当时社会的伦理道德观念，真实地反映了中国历史上忠义仁孝的精神。

所谓忠孝两全，这一直是统治阶级所宣扬的道德规范，但在这出戏中，"忠"一直是空洞的、抽象的、被动的，孝才是实质。蔡伯喈可能暂时为忠所压倒，却以自己的孝压倒了忠。从世俗的观点看，这种孝有温暖的人情味的一面，这一面正是通过五娘的坚韧与执着表现出来的。尽管蔡伯喈是一个最能体现作者创作意图的人物，但他的形象在五娘这个闪烁着民间光彩的人物面前黯然失色了，可以说如果没有五娘这个人物，就没有《琵琶记》的成功；当以孝为中心时，夫妻之情便不再存在，蔡伯喈之需要五娘，只是因为"娶妻可以养亲"，五娘因之失却了作为人的个性，成了替代蔡伯喈尽孝的工具。对于蔡伯喈的辞官不成，李卓吾、徐渭、李渔等都颇有微词，李卓吾诘问"难道不能走一使迎之"，徐渭批道："难道差一人省亲，老牛也来禁着你？"李渔则以《琵琶记》中针线不密为例，写得更是明白："子中状元三载，而家人不知；身赘相府，享尽荣华，不能自遣一仆，而附家报于路人……皆背理妨伦之甚者。"不能不说，从这里可以看到封建制度的不合理之处。

《琵琶记》有很高的艺术成就。首先，《琵琶记》成功地塑造了五娘这个贫苦却坚毅善良的女子形象。虽然主观上作者想把她写成典型的孝妇，"有贞有烈"的贤妻，但她对公婆的孝心不是封建的愚孝和扭曲的贞烈所能涵盖的，她身上反映出劳动妇女的传统美德，她的遭际，反映了农村劳动人民的苦难处境，也是元末社会的一个缩影。她的形象让人同情，更让人感动。其次，《琵琶记》在结构和语言上都取得了很高的成就，明清传奇作者大都对之大加赞赏并奉之为典范。赵五娘的悲苦与蔡伯喈的富贵交替出现：一边是欣喜欢乐，一边是悲苦绝望；一边是思念，一边是怨怼。两种境地，两种心情，交替出现，虽然出自人工巧意安排，但未见虚饰，浑然天成。在语言上，文辞清丽，又很注重个性化。如《中秋赏月》一折："同一月也，出自牛氏之口者，言言欢悦；出于伯喈之口者，字字凄凉。"赏月听琴时的蔡伯喈和食糠剪发时的赵五娘，同样在唱，一个辞采典雅华丽，一个语言质朴本色，极显性格。《琵琶记》的这些艺术成就，不仅使剧本得以广泛流传，而且对后世的戏曲创作产生了良好的影响。

扩展阅读　《赵氏孤儿》

《赵氏孤儿》的剧情是这样的，春秋时代的晋国，武将屠岸贾出于对文臣赵盾的忌妒，在晋灵公面前搬弄是非，致使赵家三百口人被诛杀。只有赵盾之子赵朔的遗腹子——赵氏孤儿被藏了起来，躲过了杀戮。于是屠岸贾派将军韩厥把守赵家大门，严防孤儿被人盗走，留下后患。婴儿的母亲把孩子托付给医生程婴，请求他保住这赵家唯一的根苗，然后自缢，用死消除程婴对于泄密的担忧。程婴企图把孩子带出赵家，却被韩厥搜出。没想韩厥深明大义，放走了程婴和孤儿，拔剑自刎。屠岸贾得知赵氏孤儿逃出，下令杀死全国所有半岁以下的婴儿。程婴为救孩子，决心用自己的孩子代替赵家根苗，并由自己承担罪名。晋国老臣公孙杵臼被深深感动，他让程婴去告密，说自己隐藏了孤儿。结果公孙杵臼撞阶而死，程婴的孩子也被当作赵氏孤儿处死。二十年后，孤儿长大，程婴告诉了他一切真相，孤儿悲愤无比，决心向屠岸贾复仇。

这出戏取材于历史传说，《左传》《国语》《史记》中都有对这一故事的记述。史料中记载的赵、屠两家的恩怨，搜孤救孤的故事轮廓，程婴、公孙杵臼等人物，无疑都为纪君祥的创作提供了基础。但要把这些零散的材料组成一个完整的故事，仍需要艺术创造。难能可贵的是，纪君祥不仅在这些史料的基础上组织出了一个完整的故事，而且极具匠心地使这个故事充满了紧张的悬念和逼人心颤的矛盾冲突，戏剧结构严谨、紧凑，有些戏剧情节设计得大胆巧妙，譬如屠岸贾收赵氏孤儿为义子就充满戏剧性。

赵氏孤儿的故事，在宋元的社会历史背景下有着特殊的含义。抗元英雄文天祥曾写诗云："英雄未死心为碎，父老相逢鼻欲辛。夜读程婴存赵事，一回惆怅一沾巾。"赵氏孤儿的故事打动文天祥的恐怕与打动纪君祥的是同一种东西，那就是反元复宋的思想。赵氏孤儿的故事在元代无须过多点拨，人们就能心照不宣地明了这则故事的喻义。"凭着赵家枝叶千年勇，扶立晋室山河百二雄"，这句唱词的弦外之音，想必能激荡起元代观众的沸腾热血。赵氏孤儿的题材是非常敏感的，由此我们也能推断，纪君祥创作此剧时拥有多么大的勇气和豪情。

第七章 销魂曲调——宋元戏曲艺术

第八章 品茶论酒——走近宋代茶酒文化

中国茶文化在历史上有茶兴于唐，而盛于宋的说法，宋代茶文化在继承前代的基础上，形成了特有的品位，出现了独特的斗茶、精美的团茶等。除了茶文化，宋代的酒文化也盛极一时。

宋代茶文化

唐朝之后，宋代的饮茶之风更为普及，茶深入社会各个阶层，渗透到日常生活的每一个角落。同时，在茶马贸易的影响下，茶开始成为周边民族的生活必备品。

与唐代相比，宋代的茶文化有了明显的变化。文人雅士热衷于"斗茶"的活动。据考证，斗茶活动开始于唐代的福建建州（也有学者认为创始于广东惠州）。但是到了宋代，这种斗茶活动才开始盛行，而且传播范围甚广，不仅在民间流行，还进入皇室。

由于皇室对贡茶的要求越来越高，宋代开始出现了"龙团凤饼"。龙团凤饼是一种价值极高，并且本身造型就具有欣赏价值的茶饼，由于这种紧压茶表面压印有龙或凤的图案，所以称之为龙团凤饼。龙团凤饼与一般的茶叶制品不同，它把茶艺术化。制造这种茶有专门的模型。压入模型称"制銙"，銙有方砖状，还有圆形饼状、元宝状等，有大龙銙、小龙銙等许多名目。制造这种茶程序极为复杂，采摘茶叶需要在谷雨前，且要在清晨不见朝日。然后精心摘取，再经蒸、榨，研成茶末，最后制成茶饼，过黄焙干，色泽光莹。制好的茶，精心包装，然后入贡。

这种茶已经不是为了饮用，而是在"吃气派"。欧阳修在朝为官二十余年，才蒙皇上赐了一饼，普通的大众百姓更是品尝不起。

宋代茶著的数量比唐代多，一共有九部，且大多篇幅较长。比较重要的有蔡襄的《茶录》、宋徽宗赵佶的《大观茶论》、熊蕃的《宣和北苑贡茶录》。

蔡襄《茶录》的主要贡献是提出茶必须色、香、味俱全，这个标准直到今天还在沿用。他还记录了斗茶的全过程和胜负的评判标准。此外，他还提出茶具以黑为贵的鉴赏理论。

宋徽宗赵佶以帝王之尊写成的《大观茶论》为茶文化的发展做出了杰出的贡献。他进一步阐明了茶与人的关系，对前人在饮茶中获得的精神体验进行了高度的理论概括，提出了"冲淡简洁"的饮茶观。他还提出"水以清轻甘洁为美"。此外，《大观茶论》对制茶、茶具、点茶也提出精辟的见解。

熊蕃的《宣和北苑贡茶录》详述了茶的沿革和贡品种类，并附载了相关的图形，详细描绘了贡茶品种的形制，是研究宋代茶业的重要文献。

在古代，马匹是一种战略物资，而茶是少数民族不可缺少的生活用品，所以茶马贸易开始引起朝廷的重视，从宋朝开始，朝廷便设茶马司，专门负责以茶叶交换周边各少数民族马匹。

茶马贸易推动了各民族文化交流，而且当内地的茶叶进入少数民族居住地区之后，对当地的生活方式也产生了重要的影响。此外，少数民族根据生活习惯对茶提出的特殊要求，又推动了适应这种要求的茶叶的加工方式改进，在此基础之上产生了专门供应少数民族地区饮用的边茶。

宋代斗茶之风盛行

　　品评茶之优劣的风气始于唐代，到了宋代被赋予了"斗茶"之名，既名为"斗"，就有一番较量。最初的斗茶与宋代的贡茶制度有关，民间总要选取最优的茶品进贡宫廷，而为了鉴别茶质优劣，评定其等级，就有了斗茶活动，因斗茶是天下之士励志清白之法，由此推而广之为文人雅士所喜好，被称为"盛世之清尚"。后广泛流播，逐渐推向民间。

　　斗茶，即审评茶叶质量、比试点茶技艺的一种茶事活动，在宋代更具娱乐性，并发展出斗茶品、行茶令、茶百戏等形式。

　　斗茶品，可二人斗，亦可多人共斗。据文献记载，斗茶最初流行于建州（今福建建瓯），此后才向全国各地扩展，并从民间流入宫廷。斗茶的内容主要有两方面：一是汤色，即茶水的颜色。蔡襄在《茶录》中指出，"茶色贵白"，"以青白胜黄白"。二是汤花，即汤面泛起的泡沫。汤花之优劣又取决于两个因素：一个因素为汤花的色泽，与汤色的评判标准一致，"贵白"；另一个因素为水痕的早晚，即汤花泛起后，水痕出现早者为负，晚者为胜。如果汤花细匀，有若"冷粥面"，紧咬盏沿，久聚不散，为最佳的"咬盏"。反之，汤花泛起，不能咬盏，很快散开，与盏相接的地方就会露出"水痕"（茶色水线）。由此，水痕出现的早晚，就成了评定汤花优劣的依据。蔡襄《茶录·点茶》云："建安斗试，以水痕先者为负，耐久者为胜，故较胜负之说，曰'相去一水两水'。"

斗茶的胜负既取决于茶质，也取决于水质，还取决于茶和汤的比例和击拂。茶质自然是极品最佳，而此时的斗茶被赋予了"斗品"之称谓。水质相同，决胜于茶质；茶质相同，则决胜于水质。

对于茶与汤的比例以及击拂，赵佶《大观茶论·点》写道："点茶不一，而调膏继刻，以汤注之，手重筅轻，无粟文蟹眼者，谓之静面点。盖击拂无力，茶不发立，水乳未浃，又复增汤，色泽不尽，英华沦散，茶无立作矣。有随汤击拂，手筅俱重，立文泛泛，谓之一发点。盖用汤已故，指腕不圆，粥面未凝，茶力已尽，雾云虽泛，水脚易生。妙于此者，量茶受汤，调如融胶。环注盏畔，勿使侵茶。势不欲猛，先须搅动茶膏，渐加周拂，手轻筅重，指绕腕旋，上下透彻，如酵糵之起面，疏星皎月，灿然而生，则茶之根本立矣。第二汤自茶面注之，周回一线，急注急上，茶面不动，击拂既力，色泽渐开，珠玑磊落。三汤多寡如前，击拂渐贵轻匀，周环旋转，表里洞彻，粟文蟹眼，泛结杂起，茶之色十已得其六七。四汤尚啬，筅欲转梢，宽而勿速，其清真华彩既已焕发，云雾渐生。五汤乃可稍纵，筅欲轻匀而透达，如发立未尽，则击以作之。发立已过，则拂以敛之，结浚霭，结凝雪，茶色尽矣。六汤以观立作，乳点勃结，则以筅着居缓绕拂动而已。七汤以分轻清重浊，相稀稠得中，可欲则止。乳雾汹涌，溢盏而起，周回旋而不动，谓之咬盏，宜均其轻清浮合者饮之。《桐君录》曰：'茗有饽，饮之宜人。'虽多不为过也。"

此外，斗茶对茶盏也有一定的要求。《大观茶论·盏》曰："盏色贵青黑，玉毫条达者为上，取其燠发茶采色也，底必差深而微宽。底深则

茶宜立，而易于取乳；宽而运笔旋彻，不碍击拂。然须度茶之多少，用盏之小大。盏高茶少，则掩蔽茶色；茶多盏小，则受汤不尽。盏惟热，则茶发立耐久。"建州窑所出的建盏，是宋代最好的斗茶用盏。《茶录·论茶器》云："茶盏，茶色白宜黑盏，建安所造者，绀黑，纹如兔毫，其胚微厚，爁之久热难冷，最为要用。出他处者，或薄或色紫，皆不及也。其青白盏斗试家自不用。"

宋代斗茶名家辈出，宋徽宗赵佶就有极高的斗茶技艺，蔡京《延福宫曲宴记》载："宣和二年十二月癸巳，召宰执、亲王等曲宴于延福宫"，"上命近侍取茶具，亲手注汤击拂。少顷白乳浮盏面，如疏星淡月，顾诸臣曰：'此自布茶。'饮毕皆顿首谢"。宋徽宗宠爱的道士张继先也是一名斗茶高手，写出了《恒甫以新茶战胜因咏歌之》。

  人言青白胜黄白，子有新芽赛旧芽。
  龙舌急收金鼎火，羽衣争认雪瓯花。
  蓬瀛高驾应须发，蔡君须入陆生家。

王庭珪则溺于茗战而不能自拔，写出了《刘端行自建溪归，数来斗茶，大小数十战；予惧其坚壁不出，为作斗茶诗一首且挑之使战也》。

  乱云碾破苍龙璧，自言鏖战无劲敌。
  一朝倒垒空壁来，似觉人马俱辟易。
  我家文开如此儿，客欲造门忧水厄。
  酒兵先已下愁城，破睡论功如破贼。
  唯君盛气敢争衡，重看鸣鼍斗春色。

而祖无择《斋中即书南事》诗中"宾欢为斗茶"一语，则道破了宋人斗茶的游戏和娱乐性质。

精美的饮茶器具

宋代斗茶之风盛行，饮茶的世俗化风气较浓，这也使得茶具的艺术性部分丧失，甚至沦为朝廷和士大夫炫耀豪富的工具。这一时期，建州窑的茶盏较为流行。

宋代文人的生活非常优越，但那种报国无门的痛苦比其他任何朝代都要强烈，因此他们开始寻求精神上的满足，以营造精巧雅致的生活氛围满足自我，而饮茶恰恰满足了他们的这一要求。在文人与皇帝的参与下，宋代饮茶之风达到了巅峰之境。但是宋代茶风，过于追求精巧，这也导致宋人对茶质、茶具以及茶艺的过分讲究，从而日趋背离了陆羽提倡的自然饮茶原则。

从现存资料来看，宋人饮用的大小龙团仍然属于饼茶，所以现存的宋代茶具与唐代茶具相比并没有明显的差异。但在饮茶方法上，宋与唐大不相同，最大的变化是宋代的点茶法取代煎茶法成为当时主要的饮茶方法。同时，唐代民间兴起的斗茶到了宋代也蔚然成风，由此衍生出来的分茶十分流行。这种点茶法以及斗茶、分茶的风气极大影响了宋代茶具的发展。

宋人为达到斗茶的最佳效果，对茶水、器具精益求精。宋人改碗为盏，因为它形似小碗，敞口，细足厚壁，以便斗茶。为了便于观色，茶盏就要采用施黑釉者，于是建盏成了最受青睐的茶具。其中，产在建州（今福建建瓯）的兔毫盏等，更被宋代茶人奉为珍品。因为茶盏的黑釉与茶汤的白色汤花相互映衬，汤花咬盏易于辨别，正是这样的特点，宋人斗茶必用"建盏"，可见斗茶对宋代茶具的巨大影响。

建州窑所产的涂以黑釉的厚重茶盏称建盏。建盏品种不多，造型也很单一，但特别注重色彩美。因为建盏并非是单调呆板的黑色，而是黑中有着美丽的斑纹，即《茶录》和《大观茶论》中所说的黑釉中隐现的呈放射状、纤长细密如兔毛的条状毫纹的"兔毫斑"，这使得本来黑厚笨拙的建盏显得精致而又极富动感。

从现存资料与实物来看，建盏受欢迎的原因主要是其适合斗茶。拿兔毫盏来说，其釉色粉黑，与茶汤的颜色对比强烈，加上胎体厚重、保温性强，使茶汤在短时间内不冷却，同时又不烫手，受欢迎就是很正常的了。此外，建盏在外观上也独具匠心，如翻转的斗笠，其敞口面积大而多容汤花。在盏口沿下有一条明显的折痕，称"注汤线"，是专为斗茶者观察水痕设计制造的。

此外，宋代上层人物极力讲求茶具的奢华，以金银茶具为贵的奢靡之风气很浓。如蔡襄的《茶录》和宋徽宗的《大观茶论》所记，对茶具的质地有极高的要求，认为炙茶、碾茶、点茶与贮水必须用金银茶具，用来表现茶的尊贵高雅。据史料记载，宋代还有专供宫廷用的瓷器，普通人不许使用。在宋代，这种奢靡之风已经蔓延全国，一些价值百金甚至千金的茶具成为士大夫夸耀门庭的摆设。

宋代茶馆文化兴盛

茶馆起于何时，史料并无明确记载，汉时王褒《僮约》中有"武阳卖茶"及"烹茶尽具"之说，但此是干茶铺。一般认为，茶馆的雏形出现在晋元帝时，唐代开始萌芽，宋代便形成一定规模。

到了宋代，由于皇室的提倡，饮茶之风更为盛行，而且以极快的速度深入民间，茶成了人们日常生活的必需品之一。吴自牧《梦粱录》说："人家每日不可阙者，柴、米、油、盐、酱、醋、茶。"随着饮茶之风的盛行，宋代的茶馆也开始兴盛起来，几乎各大小城镇都有茶肆，而且逐渐脱离酒楼、饭店，开始独立经营。

北宋都城开封自五代时就有茶馆。据宋人孟元老《东京梦华录》载，北宋建都汴京后，朱雀门大街、潘楼东街巷、马行街等繁华街巷，都是茶肆林立。南宋经济较北宋发达，城市也更加繁华，南宋都城杭州及各州县都开有茶馆。据范祖述《杭俗遗风》所载，杭州城内还有所谓茶司，其实就是一种流动的茶担，是为下层百姓服务的。两宋在外交上十分软弱，使得封建知识分子在精神上有一种压抑感。当时的文人已经没有了奋发昂扬的精神，转而寻求个人生活的精致。此外，由于当时农村耕地的扩大和农作物单位产量的提高，许多人脱离了农业生产，从事文化活动，知识分子人数激增。而且宋代重文轻武，文人有着极高的社会地位，他们崇尚平淡、幽静，精神和物质生活倾向纤弱、精致，而饮茶恰恰具备了这一特点。文人的饮茶为下层百姓所效仿，这对饮茶之风向市井普及起到了推波助澜的作用。

市民阶层的兴起对宋代茶馆的兴盛也起了很大的作用。两宋城市人口较多，来源也非常复杂，除了大量的商人、手工业者、挑夫、小贩，还有很多落魄文人、僧人。宋代的茶叶种植十分广泛，不但产量大增，而且制茶的技术迅速提高，出现了许多名茶。这为饮茶之风的盛行创造了必不可少的条件。

此外，北宋王朝在军事部署上十分奇特，采取了"守内虚外"的政策，把大部分军队驻扎在国内的重要地区，以防范人民的反抗。同时，为了防止人民迫于饥寒，铤而走险，北宋王朝每到荒年还大量招募饥民当兵，从而使军队的数量不断扩大。这些人口涌入城市，自然需要一个能够满足他们住宿、饮食、娱乐、交流信息需求的活动场所，于是茶馆等服务性设施开始流行。

宋代的茶馆具有一些文化功能，已经不再是单纯的饮茶解渴的场所，它开始给人们提供精神愉悦的功能，这在茶馆的装饰上表现得很明显。如《梦粱录》中说杭州的大茶馆富丽堂皇，目的虽然是吸引客人，但它确实美化了环境，增添了饮茶的乐趣。今天，许多茶馆同样重视装饰，使得饮茶具有优雅的环境。此外，许多茶馆还安排了多样化的文化活动，以满足不同层次人们的需要。

据史料记载，宋代除了唱曲、说书、卖娼、博弈的茶馆，还有人情茶馆、聘用工人的市头、蹴球茶馆、大街车儿茶肆、士大夫聚会的检阅茶肆，甚至还有买卖东西的茶馆。出入茶馆的人也形形色色，尤其是一些靠茶馆谋生的社会下层百姓。据《东京梦华录》载，茶馆中有专门跑腿传递消息的人，叫"提茶瓶人"。最初，这些人的服务对象主要是文人，后来范围扩大，媒婆、帮闲也参与其间了。

两宋茶馆虽不在鼎盛时期，但已基本奠定了中国传统茶馆文化的基础，此后直至近代的茶馆，虽呈现出不同风貌，但基本没有超出两宋茶馆的格局。

闲情雅趣：茶肆听说书

宋代有许多茶肆，可以分为"大茶坊""人情茶肆""花茶坊"和"普通茶坊"等。"大茶坊"一类的茶肆，"四时卖奇茶异汤。冬月添卖七宝擂茶、馓子、葱茶，或卖盐豉汤；暑天添卖雪泡梅花酒，或缩脾饮暑药之属"。到这里饮茶者大多是富家子弟、诸司下直等人，他们会聚在这里"习学乐器、上教曲赚之类，谓之'挂牌儿'"。"人情茶肆"，顾名思义，并非以出售茶汤为业，但以此为由，多觅茶金耳。有的茶肆以卖茶的名义，既供消遣娱乐，又为卖艺人提供表演场所，以多得一些茶钱，谓之"市头""花茶坊"（又称"水茶坊"）。这类茶肆由娼家开设，在茶楼上安置妓女，以茶为名引人入坊。"凡初登门，则有提瓶献茗者，虽杯茶亦犒数千，谓之'点花茶'。登楼甫饮一杯，则先与数贯，谓之'支酒'，然后呼唤提卖，随意置宴。赶趁、祇应、扑卖者，亦皆纷至，浮费颇多。"妓女们在此"靓妆迎门，争妍卖笑，朝歌暮弦，摇荡心目"。后生辈甘于费钱，谓之干茶钱。他们在此争风吃醋，多有吵闹，非君子驻足之地也。"普通茶坊"，规模较小，为人们聚会之处。《梦粱录》卷十六《茶肆》载，"更有张卖面店隔壁黄尖嘴蹴球茶坊，又中瓦内王妈妈家茶肆名一窟鬼茶坊，大街车儿茶肆、蒋检阅茶肆，皆士大夫期朋约友会聚之处。"茶肆中，不乏各种献艺者，说书人即有在此娱人谋生的。

说书俗称"银字儿"，主要讲灵怪、传奇、公案、武侠等故事，主要特点是灵异怪诞、神秘虚玄。讲史，主要是讲说《通鉴》中的历史故事、汉唐之际的各种史实演绎及传说、王朝兴衰及战争风云。北宋市井间流行的节目有《汉书》《三国志》《五代史》等；南宋时，还流行《东周列国志》《七国春秋》《孙庞斗智》《刘项争雄》《晋宋齐梁》《说唐》《黄巢》以及《大宋宣和遗事》等。边饮茶，边听书，既饱口福，又享耳福，一举两得。因此，许多顾客上茶坊，就是为了听书，茶馆老板与艺人也各得其所。

宋代北苑贡茶

北苑贡茶是指宋代贡茶，主产区在今福建建瓯市东峰镇境内。

在宋代，茶无论种植、采制、饮用，都发展到一个新的高峰。优良茶品辈出，名目繁多，品高名亦雅，大胜唐时。这与贡茶制度的形成不无关系，也就是说，是帝王将相引导消费的结果。

贡茶，即是向皇帝进贡新茶。这在唐代已形成定例，至宋代时已经制度化，贡茶之风愈演愈烈。唐代贡茶只有湖州顾渚的"紫笋"，每年清明，新茶便要贡至京城。宋代北苑茶起初亦名紫笋，继而又有"研膏""腊面""京铤"之名。从前文可知，北宋初，太祖特派官员到北苑督造团茶。团茶上模压有龙形或凤形纹饰，称为龙凤茶，习惯上称为"龙团凤饼"。后来茶模改小，压成的茶饼称为"小龙团"。

此外，贡茶还有"密云龙""白茶"等名目，一品赛过一品。宋代贡茶讲究名号雅致，如龙团胜雪、御苑玉芽、万寿龙芽、龙凤英华、瑞云翔龙、龙苑报春、万春云叶等，都是一时名品。北苑贡茶多至四千余色，年贡四万七千一百多斤。

贡茶如此多，皇上也不能拿它当饭吃，所以乐得将那些无法饮尽的龙团凤饼赐给近臣。臣下们得茶，以为受了莫大的恩泽，感戴不尽。苏轼出知杭州时，宣仁皇后遣内侍赐以龙茶银盒，以示厚爱之意。位不及宰相，一般难有机缘得此厚爱。欧阳修任龙图阁学士时，仁宗赵祯曾"中书、枢密院各赐一饼，四人分之"。这御赐龙茶拿到家中，根本舍不得饮用，而是当作家宝珍藏起来，待有尊客来访，方才拿出传玩一番，以为莫大的荣耀。大龙凤团茶八饼重一斤，龙凤小团则是二十饼重一斤，一饼小龙团，分量之轻可以想见，四人平分，一人能得几许？按当时的价值，一斤龙团值黄金二两，正所谓"金可有而茶不可得"，贵重之极。也难怪欧阳修说"分得小龙团，只是捧玩而已"。北宋文学家王禹偁有一首描写大臣受赐贡茶的诗，诗云"爱惜不尝惟恐尽，除将供养白头亲"。受赐龙团，喜爱得不行，同样舍不得饮它。

有机缘充作贡品的茶，自然是上好的茶，因为上了贡，自然就成了天下名茶。这些贡茶经过各代茶民的培育，品质不断提升，有些茶品流泽至今。

从唐代开始，历史上出现过许多有名的茶品。随着制茶工艺的改进提高和人们品饮观念的改变，不少名品消失了，代之以新的更优良的茶品。未来的茶品，可能在色、香、形、味之外，会有更多的追求，在继承和创新方面，发展是不会有止境的。

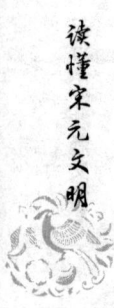

宋代的酒文化

在宋代，我国酒业发展的新趋势是南酒的崛起，即长江以南广大地区的酿酒技术和酒业生产突飞猛进，特别是江、浙和川、贵等许多地方，一跃而为酒城酒乡，名酿迭出。按种类来说，当时已有黄酒、果子酒、药酒、花酒四大类。据南宋周密《武林旧事》记载，当时江浙两地生产的名酒有皇室御制的流香、凤泉等酒，达官贵人府上的紫金泉、蓝桥风月、万象皆春等酒，还有扬州产的琼花露酒、苏州产的双瑞酒、湖州产的六客堂酒、嘉兴产的清若空酒、绍兴产的蓬莱春酒、温州产的蒙泉酒、兰溪产的谷溪春酒、梅城产的萧洒泉酒，等等。

这一时期，江苏酒业最为发达，以金陵、润州、扬州、苏州为基地，掀起了酿酒高潮，天下酒人，均刮目相看。张能臣《酒名记》载，当时江宁府有芙蓉酒、百桃酒、清心堂酒。周密《武林旧事》卷六记载，建康有秦淮春酒、银光酒。《至大金陵新志》卷七载，"宋酒名有绣春堂、留都春等"。见诸史籍的宋代金陵酒共有七种，当时官府所设的酒坊酒库遍布城中。据周应合《景定建康志》卷二十三记载，当时属于户部提领酒库所有的官库就有八处。

润州当时为江苏一大都会，其地也多产名酒。张能臣《酒名记》载，有蒜山堂酒。《武林旧事》卷六记载，有第一江山酒、北府兵厨酒、锦波春酒、浮云春酒。

重镇扬州与润州一江之隔，自宋伊始就佳酿频出。其中最负盛名的是云液酒。苏轼就曾在诗中赞曰"扬州云液却如酥"（《泗州除夜雪中黄师是送酥酒二首》），"花前白酒倾云液"（《次韵刘贡父省上喜雨》）。陆游也曾有诗吟咏这种酒，"朱担长瓶列云液"（《庵中晨起书触目》）。

当时的川、贵地区，酒业也十分兴旺。四川泸州，古称江阳，黄庭坚贬官赴任途中曾在此小住，他赞叹道："江安食不足，江阳酒有余。"当时泸州到处是造酒作坊，几乎家家酿酒。当今著名的泸州老窖特曲就产在这里。从泸州溯江上行到宜宾，这里盛产荔枝，宋时也产一种名酒叫"荔枝绿"。当今名酒五粮液便产于此地。

当时成都一带仍延续唐时做法，酿制郫筒酒。用竹筒酿制，香闻百步。陆游有诗赞曰："长瓶磊落输郫酿，轻骑联翩报海棠。"（《夜闻雨声》）

宋时贵州的赤水河两岸，也是酒坊遍地，酒肆林立。我国著名的茅台酒、习水大曲、董酒就产在这里的仁怀市、二郎滩和遵义城。宋时，湖南各地还酿造一种叫"醇碧"的美酒。黄庭坚喝了这种酒后赞不绝口，写了一篇《醇碧赋》。陆游在《自适》诗中也写道："家酿倾醇碧，园蔬摘矮黄。"

从以上不难看出，早在宋代，在四川、贵州相接的地带，就形成了一条沿岷江、赤水河伸展的"川黔名酒带"，它像一条酒星璀璨的银河，几多美酒，闪烁其中。

苏轼和陆游有关酒的诗作

入宋以后，诗由情入理，酒却由理入情，酒诗在诗人的笔下进入新的审美领域，苏轼和陆游的酒诗最有特色和代表性。

苏轼是北宋继欧阳修之后公认的文坛领袖。他的诗歌创作在内容上较词和散文更加丰富多彩。在其现存的2700多首诗中，有酒诗百余篇。苏轼一生坎坷曲折，特别是元丰二年（1079）的"乌台诗案"使诗人遭受巨大打击。他的酒诗也以此为分水岭呈现了明显变化，苏轼从入仕到"乌台诗案"二十多年中写诗近千首，酒诗仅十余首，大量的此类作品均出其后。

诗人被贬黄州期间，置身于兴谗贾谤的宵小们的监视之下，怀着畏忌心理，曾下过"焚笔砚，断诗作"的决心，但正如诗人也曾写过"止酒"诗一样，他的自由天性决定不可能辍笔停饮。"饮中真味老更浓，醉里狂言醒可怕。"（《定惠院寓居月夜偶出》）在这种自禁而不止，欲罢而不能的矛盾心态下，苏轼还是把诗和酒作为生命运转的中轴。正如他给朱行中的信中所说，"老拙百念灰寂，独一觞一咏，亦不能忘。"苏轼的酒诗完全可以作为分析其政治命运和文学创作的一个视角，它体现了诗人摆脱精神负累、反抗政治迫害的创作意志和宝贵的气骨与诗胆。在《次韵乐著作送酒》一诗中，诗人把被贬黄州、谪居他乡的满腔忧愤倾倒出来。

少年多病怯杯觞，老去方知此味长。

万斛羁愁都是雪，一壶春酒若为汤。

苏轼晚年再贬岭南，远窜穷荒，环境愈加险恶。而诗人逆境顺处，穷且益坚，借佛禅遣兴排忧，"以诗酒自娱为佳"，超然于物外，自乐于心中。他给家酿冠以"真一"的酒名，取道家"神得以灵，众真归一"之意。诗中对酒的功效刻画入微，抒发了愉悦畅达的情怀。

晓日着颜红有晕，春风入髓散无声。

人间真一东坡老，与作青州从事名。

他以揶揄的口吻给人生作了笺解。

人间本儿戏，颠倒略似兹。

唯有醉时真，空洞了无疑。

苏轼不为世俗所拘牵，不为荣辱所烦扰，除了吸收《庄子》的旷达，主要受陶渊明的影响。诚如他自己所说，"吾于渊明岂独好其诗也哉！如其为人，实有感焉。"（《追和陶渊明诗引》）他被贬惠州以后，几乎和遍了陶诗。那种宁静豁达、随遇而安的思想在其酒诗中随处可见。

茫茫海南北，粗亦足生理。

劝我师渊明，力薄且为己。

微疴坐杯酌，止酒则瘳矣。

苏轼对酒的厚爱还表现为热心于对酿酒技术的研究。他曾写过《酒经》（世称《东坡酒经》），不足400字，对制饼、制曲以至出酒的全过程，无不备述。而他的酒诗中，独具特色的一点就是采用写实笔法，直接题咏或描述酿酒及品酒之趣，熔物、情、理、趣于一炉。譬如，他在《蜜酒歌》中写道：

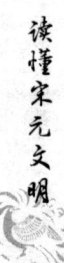

真珠为浆玉为醴，六月田夫汗流沺。

不如春瓮自生香，蜂为耕耘花作米。

一日小沸鱼吐沫，二日眩转清光活。

三日开瓮香满城，快泻银瓶不须拨。

百钱一斗浓无声，甘露微浊醍醐清。

君不见南园采花蜂似雨，天教酿酒醉先生。

先生年来穷到骨，问人乞米何曾得。

世间万物真悠悠，蜜蜂大胜监河侯。

这类直接题咏酿酒之趣的酒诗，还有《新酿桂酒》等多首。

陆游的酒诗，数量之多，居宋人之首。他曾立志抗击金兵，收复中原，也经历过铁马秋风、豪雄飞纵的军营生活。因为屡遭罢黜，有志无成，诗人才流连诗酒，放浪形骸，以"脱巾漉酒，挂笏看山"为快。他的酒诗大多写于川陕生活的九年和晚年放归田里、闲居山阴的二十多年间。不过，他饮酒的内涵丰富得多，以酒为媒介反映复杂的内心世界，而感情的主线又始终被抗金复国的这一宏愿牵系着。

酒对陆游来说，不独为浇胸中块垒，更是激发豪情的兴奋剂。他入蜀期间的酒诗风格豪壮、气概宏肆，如《醉歌》。

我饮江楼上，阑干四面空。

手把白玉船，身游水精宫。

方我吸酒时，江山入胸中。

肺肝生崔嵬，吐出为长虹。

欲吐辄复吞，颇畏惊儿童。

乾坤大如许，无处着此翁。

何当呼青鸾，更驾万里风。

在《江楼吹笛饮酒大醉中作》一诗中，诗人乘醉放歌，摄入神话题

材，遨游天外，气吞山河。可见陆游在酣畅淋漓之中仍念念不忘从军南郑、戮力疆场的军旅生活。

酌之万斛玻璃舟，酣宴五城十二楼。

天为碧罗幕，月作白玉钩。

织女织庆云，裁成五色裘。

披裘对酒难为客，长揖北辰相献酬。

一饮五百年，一醉三千秋。

却驾白凤骖斑虬，下与麻姑戏玄洲。

锦江吹笛余一念，再过剑南应小留。

陆游晚年闲居乡里，酒量之豪虽不及早年，但饮酒之趣更为广泛。其感情之寄托、生活之慰藉，均离不开酒，以至于竟将饮酒视为延年之术、却老之方，如《对酒》。

医从和扁来，未著却老方。

吾晚乃得之，莫如曲蘖良。

一杯脸生春，况复累十觞。

坐令桃花红，换尽霜叶黄。

看镜喜欲舞，追还少年狂。

在另一首小诗中，诗人从悟性和养生的角度把"酒中趣"写得妙不可言，并指出饮酒适度才能恰到好处。

叹息人真未易知，暮年始觉曲生奇。

个中妙趣谁堪语，最是初醺未醉时。

陆游晚年的酒诗中，仍不时流露出未能建功立业的积郁不平，要靠饮酒弹压它们的躁动，但主要倾向还是体现了"安时处顺，超然物外"（《曾裘父诗集序》）的闲适风格，至于落魄文人因穷愁不通而借酒买醉的现象很少见。正如清人王士禛所言："务观闲适，写村林茅舍、农田耕渔、花石琴酒事。"

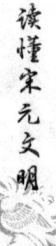

宋元时期的酒令

宋代饮酒的方式五花八门，沈括在《梦溪笔谈》中记载了当时官僚嗜酒成风的情形，"石曼卿喜豪饮，与布衣刘潜为友。尝通判海州，刘潜来访之，曼卿迎之于石闼堰，与潜剧饮。中夜酒欲竭，顾船中有醋斗余，乃倾入酒中并饮之。至明日，酒醋俱尽。每与客痛饮，露发跣足着械而坐，谓之'囚饮'。饮于木杪，谓之'巢饮'。以稿束之，引首出饮，复就束，谓之'鳖饮'。其狂纵大率如此。廨后为一庵，常卧其间，名之曰'扪虱庵'，未尝不醉。"像他们这样饮酒的毕竟是少数，更多的是以行酒令增添宴饮席面上的热闹气氛。宋辽金元时期不但承袭了传统的酒令习俗，而且有了发展。行酒令，宋元时称"打令""行令"。《梦粱录》卷十九载："旧有百业皆通者，如纽元子……唱词、白话、打令、商迷。"元代文学作品中也有反映，如张可久《上小楼·春思》："东风酒家，西施堪面，行令续麻，擷竹分茶。"

酒令有各种形式，北宋王谠《唐语林》卷八云："酒令之设，本骰子、卷白波、律令，自后闻以鞍马、香球，或调笑抛打时，上酒招摇之

号。"宋代既有酒经、酒谱涉及酒令,也有许多其他著作述及酒令,如苏轼的《东坡酒经》、林洪的《新丰酒经》、朱肱的《北山酒经》、李保的《续北山酒经》、田锡的《曲本草》、范成大的《桂海酒志》、窦苹的《酒谱》等。而司马光的《投壶新格》一卷、欧阳修的《九射格》一卷、徐矩的《酒谱》、阳曾龟的《龟令谱芝兰》一卷、同尘先生的《小酒令》一卷、无名氏的《醉乡律令》一卷、李鹰的《罚爵典故》、刘敞的《汉官彩选》、赵明远的《进士彩选》、李履中的《捉瓮中人格》、赵景的《小酒令》、赵与时的《觞政述》、杨无咎的《响屧谱》、郑獬的《觞记注》、曹继善的《安雅堂觞律》等,都是酒令专著。虽然大部分已散佚,至今尚存的赵与时《宾退录》(含《觞政述》)也已残缺,但还可见一斑。该书著录了自古以来的饮酒礼仪和酒令,认为"酒令盖始于投壶之礼。虽其制皆不同而胜饮"。其书述及九射格、汉法酒、纸帖子酒笺等唐宋酒令。

1. 九射格

欧阳文忠公作《九射格》独不别胜负,饮酒者皆出于适然。其说云:

九射之格,其物九,为一大侯,而寓以八侯。熊当中,虎居上,鹿居下,雕、雉、猿居右,雁、兔、鱼居左。而物各有筹,射中其物,则视筹所在而饮之。射者,所以为群居之乐也。而古之君子以争九射之格,以为酒祸起为争,争而为欢,不若不争而乐也。

故无胜负,无赏罚。中者不为功,则无好胜之矜;不中者无所罚,则无不能之诮。探筹而饮,饮非觞也,无所耻。故射而自中者,有不得免饮,而屡及者亦不得辞,所以息争也。终日为乐,而不耻不争,君子之乐也。探筹之法,一物必为三筹。盖射宾之数,多少不常,故多为之筹以备也。凡今宾主之数,九人则人探其一,如八人则置其熊筹。不及八人而又少，则人探其一，而置其余筹可也；益之以筹，而人探其一或二，皆可也。惟主人临时之约，然皆置其熊筹，中则在席皆饮，若一物而再中，则视执筹者饮量之多少。而饮器之大小，亦惟主人之命。若两筹而一物者，亦然。凡射者一周，既饮醻，则敛筹而复探之。筹新而屡变，矢中而无情，或适当之，或幸而免，此所以欢然为乐而不厌也。

2. 纸帖子

古灵陈述古亦尝作酒令，每用纸帖子，其一书司举，其二书秘阁，其三书隐君子，其余书士。令在座默探之，得司举则司贡举，得秘阁则助司举搜寻隐君子进于朝，搜不得则司举并秘阁自受罚酒。后复置新格，聘使、馆主各一员，若搜出隐君子，则此二人伴饮。二人直候隐君子出，即时自陈，不待寻问。隐君子出之前，即不得先言。违此二条，各倍罚酒。

3. 汉法酒

近岁庐陵李宝之（如圭）作《汉法酒》云：

汉法酒，立官十：曰丞相，曰御史大夫，曰列卿，曰京兆尹，曰丞相司直，曰司隶校尉，曰侍中，曰中书令，曰酒泉太守，曰协律都尉。拜司隶校尉者持节，职举劾。劾及中书令、酒泉太守者，令、太守以佞幸、湎淫即得罪。劾及侍中，则司隶去节。劾及京兆尹，则上爱其才，事留中不下，皆别举劾。劾丞相司直，则司直亦劾之。劾列卿，则列卿自讼廷辩之，罪其不直者。其劾丞相、御史大夫者，亦听，须先谒而后劾。丞相、御史亦得罪。丞相得罪，则中书令、酒泉太守皆望风自劾。御史得罪，则惟酒泉太守自劾司隶以不畏强御，后若有罪，以赎论。若泛劾而及丞相、御史者，罪司隶。劾及京兆尹者，事虽留中，酒泉太守亦自劾。劾及中书

令者，侍中自劾。诸劾、自劾得罪者，皆降平原督邮，协律都尉歌以饯之。劾及协律者，下之蚕室，弦歌诗为新声而求幸。

酒令一般分雅令和通令两种：雅令在文人雅士中通行，除以上述九射格、汉法酒、纸帖子的方式行令外，在元代主要以拆白道字、顶针续麻的方式进行；通令的行令方法则主要有掷骰、抽签、划拳、猜数。

此外，酒席宴上还有通令的抽签和猜枚等游戏。《宾退录》记载："《玉签诗》一卷，皇朝知黔南黄铸撰，以诗百首为签，使探得者随文劝酒。"猜枚，俗称猜拳单双，法类猜拳。元代无名氏《射柳捶丸》写道："众老大儿，每某已来了也。有酒拿来我先打三钟，然后猜枚行令耍子。"此戏玩法为任取席上可以数的莲子、瓜子、松子等小果品或黑白棋子，握于手中，供人猜单双、颜色、数目。凡三猜以定胜负，负者罚饮。

宋人"以梅佐饮"

梅花是我国栽培历史最悠久的传统名花之一。《诗经·小雅·四月》就有"山有嘉卉，侯栗侯梅"之句。梅花以其傲霜斗雪的品格和浓郁的芳香深受文人士大夫的青睐，或称之为"雪中高士"，或与兰、菊、竹并誉为"四君子"，或与松、竹并称为"岁寒三友"。古人说梅具四德：初生蕊为元，开花为亨，结子为利，成熟为贞。唐代杭州孤山的梅林久负盛名，罗隐《梅花》诗所谓"吴王醉处十余里，照野拂衣今正繁"就对此进行过描述。种梅、赏梅、画梅、咏梅，以梅佐饮一直是文人雅士的爱好。至宋代，栽培梅花更达鼎盛。北宋诗人林逋是著名高士，终身不仕不娶，长期隐居杭州西湖之孤山，以种梅养鹤自娱，时称"梅妻鹤子"，被历代文人传为美谈。他的诗作《山园小梅》中就有"疏影横斜水清浅，暗香浮动月黄昏"的名句。

此前，人们喜爱梅花，也留下许多佳话。据唐人韩鄂《岁华纪丽·人日梅花妆》记载，南朝宋武帝女儿寿阳公主曾睡在含章殿檐下，梅花坠其额上，遂成五出之花，拂之不去，宫中争相模仿，号为梅花妆，流行一时。《龙城录》还记有一则神话故事："隋开皇中，赵师雄迁罗浮。日暮于松林酒肆旁见一美人，淡妆素服出迎。与语，芳香袭人，因与共饮。师雄醉寝，比醒，起视乃在梅花树下，上有翠羽啾嘈相顾，月落参横，但惆怅而已。"后因以罗浮比喻梅花。

宋以来笔记小说中多传女皇武则天"醉诏百花开"的故事，说武则天冬日赏雪饮酒，见有蜡梅花开，酒兴倍增，乃于醉中诏令百花齐放，百花仙子果遵其命。清人李汝珍在长篇小说《镜花缘》中用近两回的篇幅铺陈这一故事。

唐宋以后，梅花作为一种意象，积淀了历代文人集体的审美经验，以梅佐饮也成为一种普遍的文化现象。南宋陈与义的《蜡梅》一诗就形象地表现了这一特定意境的独特感受，其中有言：

只悉繁香欺定力，薰我欲醉须人扶。

不辞花前醉倒卧经月，是酒是香君试别。

李清照的咏梅词在她的赏花词中所占比例最大，如《渔家傲》一词既颂扬了梅花在寒凝大地、万物凋零时俏立枝头、迎风斗雪的风韵与品格，

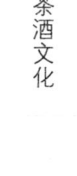

第八章 品茶论酒——走近宋代茶酒文化

又表现了以梅佐饮、其乐无穷的高雅情趣。

雪里已知春信至,寒梅点缀琼枝腻。香脸半开娇旖旎,当庭际,玉人浴出新妆洗。　造化可能偏有意,故教明月玲珑地。共赏金樽沉绿蚁。莫辞醉,此花不与群花比。

两宋时期,因以梅佐饮的风气盛行于世,咏梅的诗人与咏梅的作品,既是前无古人,又是后无来者。其原因大致如下。

第一,梅花在宋代得到大面积栽种,为文学家以梅佐饮提供了创作素材。如陆游咏梅诗计165首,而张道洽则"平生作梅花诗三百余首"(见《宋诗纪事》卷六十五)。刘克庄一生不仅写了130多首咏梅诗词,而且因《落梅》一诗中有"东风谬掌花权柄,却忌孤高不主张"之句,被言官李知孝等人指控为"讪谤当国"一再被黜,坐废十年,成为历史上有名的"落梅诗案"。但诗人并不屈服,他后来所写的诗《病合访梅九绝》仍然表现了他的铮铮傲骨和难以抑制的愤懑之情。

梦得因桃数左迁,长源为柳忤当权。

幸然不识桃与李,却被梅花累十年。

第二,与宋人的审美心态密切相关。唐人崇尚雍容,故喜爱牡丹;宋人推崇清瘦,故钟爱梅花。梅的横斜疏瘦、老枝怪异的外表和那凌寒抗雪的气质,使以其佐饮的文人士大夫的心理产生了共鸣,形成了"异质同构"关系,成为积淀中华民族审美情趣、凝聚民族性格的原型。

第三,两宋党争激烈,战乱频仍,大批有志之士或被贬谪,或遭罢官,他们在理想难伸、国恨难雪的情况下,大都以梅花不惧冰雪、不畏严寒的精神为寄托。于是,梅花也便成其佐饮和描绘的宠儿。

我国植梅的历史虽有四千多年,但最早一部专门论述梅花的科学文献却是南宋诗人范成大撰写的《梅谱》,上面记录了九十余个梅花品种,并提出梅花与蜡梅是两种植物。

扩展阅读　宋太祖"杯酒释兵权"

当上皇帝之后，宋太祖对自己的江山始终放心不下。一日，太祖把那些和自己一起打天下的重点人物召到宫中，退朝之后，特意把他们留下来，吩咐人摆酒设宴，一番盛情款待。大家过去都在太祖鞍前马后，出生入死，情同手足，此时自然开怀畅饮，十分尽兴。喝到有几分醉意，太祖举起酒杯，颇有感触地叹道："朕有今日，多亏了众位爱卿的鼎力拥戴，你们劳苦功高，朕这一辈子都难以忘怀。可是话说回来了，当天子的又何乐之有，还不如当节度使那阵子开心自在。现在朕整天头不安枕，食不甘味，总觉着心底不那么踏实，真是有苦难诉啊！"众将被他一通没头没脑的话说得有些糊涂，不免问道："如今天命已定，四海升平，皇上还有什么可担心的！不妨讲来，臣等自当效犬马之劳，替皇上分忧才是。"太祖见火候已到，便顿了顿，摆出推心置腹的样子叹道："朕之所忧，正是此事！天下虽大，可皇帝只能一人做得，如此尊位，谁人不想谋而踞之！"众将一听，大惊失色，慌忙顿首不迭道："皇上明鉴，臣等忠心耿耿，绝无任何图谋不轨之意。"太祖接道："那是，朕对你们当然放得下心，可

'富贵'二字着实诱人,难保你们的部下中不会有人也效仿朕,来个黄袍加身,到时候就算你们不想做皇帝,势成骑虎,不做也得做了。"言外之意,你们身居显职,掌握着实权,对皇帝就是莫大的威胁。众将当然听得懂这层意思,顿时吓出了一身冷汗,一边不停地叩头,一边表白道:"臣等真是喝糊涂了,何以不想到这一层呢!万望皇上宽大为怀,给臣等指点一条生路。"太祖一看达到了目的,便又温和地安抚道:"众家爱卿莫怕,其实人生一如白驹过隙,所谓荣华富贵无非是积金聚财,安逸享乐,给子孙留一份基业而已。你们不如多置办些良田美宅,喝喝酒,散散心,岂不比整天带兵打仗轻松快活?"众将无不是见过大场面的人物,适才没留神险些喝了顿断头酒,此刻皇帝既给了个台阶,于是口中连连称是,拜谢而去。第二天一早,众将纷纷称病,给太祖递上了辞呈。太祖大笔一挥,全部批准,一个个荣赐散官,打发他们回乡过省心日子去了。

赵匡胤吸取了唐后期以来藩镇拥兵自重、尾大不掉的教训,化干戈于杯酒,释兵权于宫宴,用和平的方式将军事控制权收归中央,从而避免了一场诸侯割据、生灵涂炭的战争悲剧。

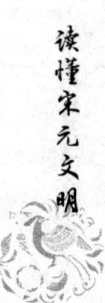

第九章 社会风貌——宋元时期的民风民俗

宋元时期是我国社会经济文化发展的重要历史时期，城市的迅猛发展、商品经济的高度繁荣，使新兴的市民阶层不断壮大。同时，城市的发展和繁荣，不仅对市民的衣食住行产生了重大影响，也大大地丰富了人们的文化生活。

成就突出的宋代风俗画

宋代，城乡生活成为画家乐于表现的题材并受到观众的欢迎，风俗画得到空前发展。宋代风俗画通过表现城乡劳动群众的社会生活，展现了具有鲜明民俗特色的时代风貌，反映了北宋经济的发展状况，是宋代绘画的重要组成部分。

宋代风俗画成就突出，盘车、婴戏、织耕、货郎和牧牛等成为民间画工和画院画家热衷于描绘的民俗题材，他们将山水、人物、界画等融为一体，产生了一批优秀的绘画作品，把民俗画创作推向高潮。这一时期风俗画高手辈出，至今尚有不少作品流传。根据描绘的题材可将宋代风俗画大致分为七类：耕织图、货郎图、盘车图、牧牛图、婴戏图、杂剧图和番骑图。《清明上河图》代表了中国风俗画创作的最高水平。

耕织图是描绘农村劳动耕作和纺织的画幅。这类画大多反映了农民的淳朴形象，至今传世的有南宋《耕织图》（国家博物馆藏摹本）和《耕获图》（故宫博物院藏）。货郎图描绘当时走街串巷吆喝叫卖的货郎。李嵩的《货郎图卷》（故宫博物院藏）塑造了一位朴实和气的农村货郎，担上商品充盈，村童们围绕货郎嬉笑、争耍。此图笔致工细，神情刻画入微，是宋代风俗画中的精品之一。朱锐的《盘车图》（上海博物馆藏）画三牛挽一车正在山崖下的河中运行，另一车已从河中渡过，爬上山路，画风工致，人物活动生动自然。牧牛图是宋代风俗画中较流行的题材。这类作品既画出牛的勤劳粗壮，也表现牧童的天真可爱，两者相映成趣，如阎次平的《牧牛图卷》、李迪的《风雨归牧》等都是传世佳作。婴戏图主要表现孩童们天真可爱的形象和嬉耍的情节。苏汉臣的《秋庭戏婴图》（台北故宫博物院藏）画秋天的一户富家庭院里姐弟俩玩着小玩具，庭院里的各种花卉各具其态，展示了北宋画院缜密富丽的写实画风。杂剧图反映戏曲演出的状况，今有两幅宋人杂剧图藏于故宫博物院。番骑图展现了少数民族骑马射猎的风情，现有宋人《番骑猎归图》传世。

宋代风俗画大师除张择端外，还有郭忠恕、高元亨、燕文贵、朱锐、苏汉臣、李嵩、阎次平等，他们以高超的技法展现了宋代商业经济、世俗文化及社会政治的方方面面，为后世留下了大批艺术珍品，也为研究宋代社会生活提供了宝贵的形象资料。

第九章 社会风貌——宋元时期的民风民俗

千古佳作《清明上河图》

北宋末年，画院待诏张择端作《清明上河图》，再现了12世纪中国城市生活的方方面面，反映了当时社会生活和物质文明的广阔性与多样性。

张择端，字正道，东武（今山东诸城）人，年少时好学爱读书，后游学京城汴梁（今河南开封），开始学习绘画。他工于界画，特别擅长舟车、市桥、郭径，自成一家，有《清明上河图》《金明池争标图》传世。

《清明上河图》是著名风俗画作品，绢本设色，卷宽24.8厘米，长达528厘米。一般认为该图是描写北宋京城汴梁及汴河两岸的风光。

全画结构共分三段：首段写市郊风景，寂静的原野，略显寒意，渐而有村落田畴，嫩柳初放，有上坟回城的轿、马和人群。中段描写汴河，汴河是当时中国的南北交通干线，同时也是北宋王朝的漕运枢纽，画面上巨大的漕船，或往来于河上，或停泊于码头。横跨汴河有一座规模宏大的拱桥，其桥无柱，以巨木虚架而成，结构精巧，形制优美，宛如飞虹。桥的两端连着街市，人们往来熙熙攘攘，车水马龙，与桥下繁忙的水运呼应，是全国的第一个热闹所在。后段描写市区街景，以高大的城楼为中心，街道纵横交错，各种店铺鳞次栉比，有茶坊、酒肆、脚店、寺观、公廨等。有沉檀楝香、罗锦匹帛、香火纸马，有医药门诊、大车修理、看相算命、修面整容，还有许多沿街叫卖的小商小贩。街上行人摩肩接踵，络绎不绝，男女老幼，士农工商，无所不备。

作品采用了传统的长卷形式，从鸟瞰的角度，以不断推移视点的办法摄取景物，段落节奏分明，结构严密紧凑。全卷共有人物五百余，牲畜五十余，船只、车轿各二十余，安排得有条不紊，繁而有秩。各种人物衣着不同，神态各异，劳逸苦乐，对比鲜明，按一定情节进行组合，富有戏剧性矛盾冲突，使人看来饶有兴味。

至于笔墨技巧，无论人物、车船、树木、房屋，线条都遒劲老辣，兼工带写，设色清淡典雅，不同于一般的界画。《清明上河图》在艺术手法和处理上具有高度的成就，在内容上，反映了当时城市社会各个生活面，具有历史文献价值。

新娘开始坐花轿

轿子是从辇、舆等载人工具演变而来的，五代已出现有顶的轿子。从张择端的《清明上河图》和《宋史·舆服志》中可以知道，当时的轿一般呈正方或长方形，有黄、黑两种颜色，轿顶向上凸出，没有横梁支撑，四周围以篾席，左右开窗，前面没有门帘，以两根长竿扛抬。

宋代时，男方已经开始用花轿迎接新娘。在此以前使用的迎亲工具是花车。司马光在《书仪·亲迎》中记载说："今妇人幸有毡车可乘，而世俗重担子，轻毡车。"担子也就是轿。可见当时民间迎亲已大部分采用花轿。据《政和五礼新仪》规定，皇帝要皇后入宫，皇后乘后肩舆进堂上，再降舆升车。当时亲王家的公主出嫁，要乘坐金铜担子，轿顶用朱红漆的脊梁，用剪棕作盖，再装饰上渗金铜铸云凤花朵，四周垂绣额珠帘、白藤间花。两壁栏槛上雕以金花装的雕木人物、神仙。担子装有两根长竿，竿前后都用绿丝绦金鱼钩子钩定。（据《东京梦华录·公主出降》）士庶之家和贵家女子结婚，也乘坐轿子，只是轿顶上没有铜凤花朵罢了。当时市面上还有店铺专门出租担子。

据吴自牧记载，临安府民间在迎亲的日子，男方算定时辰，预先命"行郎"指挥搬运花瓶、花烛、妆盒、镜台等，还要雇上乐伎乘马，雇请乐官鼓吹，抬着花轿到女方迎接新人。花轿抬到女方之后，女方摆下酒宴款待"行郎"，发给花红银鍱及利市钱，然后乐官奏乐催妆，时辰一到，催促登轿；茶酒司齐念诗词，说着吉利的话，催请新人出阁上轿。新娘是由女方的亲戚抱上轿的。新娘上轿后，抬轿人还不肯起步，仍在那儿念着诗词，索取利市钱和酒，这叫"起担子"。女方发给钱以后，"行郎"们才抬起轿子齐声奏乐，一直迎到男方的门口。这时候预定的吉时将到，那些乐官和茶酒司等还要互相念着吉利的话，在门口索取利市钱等，这叫"拦门"。

宋代以后，新娘乘坐花轿的风气一直沿袭下来。花轿的设备越来越考究，花轿更加富丽堂皇。

宋人薄葬盛行

宋代以前，厚葬之风盛行。商周时期，奴隶主常以大批奴隶、牲畜和日常用品殉葬。秦汉以后，地主贵族则用陶、瓷制作成精美的俑、粮瓶以及木制的食碗、羽觞等物随葬，此外还有许多珍宝、钱币。从考古中发现，宋墓中的器物远远少于汉墓和唐墓。少数宋墓中尽管也出土过较多器物，但在规模和数量上远远比不上汉唐墓。这说明在宋代薄葬已逐渐形成一种风气。

宋代时，人们追求现实生活的享受，反对厚葬，主张薄葬。官府明文禁止厚葬，颁行丧葬令，规定棺椁内不得安放金银珠宝，不准用石板作为棺椁和建造墓室，还规定墓的面积、坟的高度、石兽和明器的数量，都有品级的限制。当时上至朝廷官员下至普通百姓大多支持薄葬。

与薄葬风气相关的是用纸钱和纸质明器代替铜、铁钱和陶俑、木俑及陶制用具等殉葬品。据《东京梦华录·清明节》记载，汴京和临安府还开设纸马铺，除专门雕印钟馗、财马等赠送顾客外，还用纸和芦苇扎成楼台亭阁和人物、鸟兽销售，供顾客在丧葬和祭祀仪式上使用。另外，因为火

第九章 社会风貌——宋元时期的民风民俗

葬具有省钱省地的优点，在宋代甚为流行。各地僧寺还办有火葬场，当时称"化人亭"，专门为世俗百姓服务。

火葬可上溯至唐代，因为佛教的影响被迅速推广。宋太祖和宋高宗时，都曾下诏禁民火葬，但因为贫下之家"送终之具，唯务从简"，禁令没有认真实行。到高宗时，只严禁富豪和官员死后火葬，其他人随本人及家人心意，从而使火葬更为盛行。

此外，七日、百日、周年、择日、择世安葬、做道场等说法，以及穿孝服、居丧饮食等方面的规定都受佛道二教的影响。

象棋的流行

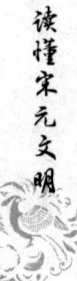

我国考古工作者曾在福建泉州湾的后诸港发现一艘航道边缘的宋代沉船，随船发现的文物中有木制圆形象棋二十枚，且这些棋子分散在第三、第十及第十三舱中，显然不是同一副象棋。它也说明，当时的船员、乘客普遍爱好象棋，业已形成一种文化风尚。随着宋代文弱风气的日渐加重，与之适应的一些"雅戏"得到了发展，深受文人士大夫的喜爱，既可斗智斗勇又不失翩翩君子之风的"象戏"自不例外。

据王明清《挥麈后录》载，北宋末徽、钦二帝被掳后，"后未知上

（高宗赵构）即位，尝用象戏局子裹以黄罗，书康王字贴于将上，焚香祷曰：'今三十二子俱掷于局，若康王字入九宫者，必得天位。'一掷其将子果入九宫，他子皆不近，后以手加额喜甚……"这里虽贯穿儒家帝王承天受命的思想，但也反映出，至迟在北宋末，中国象棋已基本定型，特别是宋人萧照画的《中兴瑞应图》中的象棋局，已与今天无异。

中国象棋经过曲折的发展，特别是在唐代不甚流行的情况下，在宋末定型，显然与宋人对其的喜爱有不可分割的关系。据史籍记载，宋初象戏尚处于百花争艳的时代，着法及局式多种多样，如司马光曾根据当时流行的两人对局象棋而编制的"七国象戏"即其中之一。棋子共"百有二十，周一，七国各十有七"。棋子色别"周黄、秦白、楚赤、齐青、燕黑、韩丹、魏绿、赵紫"，布置以"周居中央不动，诸侯亡得犯。秦居西方，韩楚居南方，魏齐居东方，燕赵居北方"。棋子名称有"将""偏""裨""行人""炮""弓""弩""刀""剑""骑"。参赛人数从七人至三人皆可。"凡欲戏者所得之国则相之。在坐七人则各相一国，六人则秦与一国连衡，五人则楚与一国合从，四人则齐与一国合从，三人则秦与二国连衡。或但今在坐之人各占一国而空其余国。"（《古今图书集成·弈棋部》）此外，还有三十二个棋子、纵横各十一路棋盘的象棋（见《格致镜原》卷五九），棋子九十八个、纵横十九路棋盘，被称为"广象戏"（见《文献通考》卷二二九）的象棋等。但由于较为复杂，被有"将""士""象""车""马""炮""卒"三十二个棋子、棋盘纵十路横九路的象棋取代，并迅速为社会各阶层人士所喜爱。

象棋定型后，以其优雅、着法多变而易学的特点得以推广。南宋时，象戏已成为"家喻户晓"的群众性娱乐活动。在临安城里的小商店、小摊贩那里随处可买"棋子棋盘"。宫廷设的"棋待诏"中，已有象棋手的位置，像杜黄、徐彬、林茂、礼重、尚瑞、金四官人、上官大人、王安哥等，都是当时"棋待诏"中的象棋高手。当时还有女棋手，如《太平清话》云："孝宗奉太皇寿，一时御前应制皆女流也。棋则沈姑姑为一时之选。"宋代著名女词人李清照也颇精于象棋，她在《打马图经序》中曾说："予性喜博，凡所谓博者，皆耽之昼夜，每忘寝食。"这不仅是她嗜好象棋的自述，也道出了喜爱下棋的人的心态。《福建通志》亦载："程伯昌，建阳人，善医，尤妙催生法。性好象棋，终日不释。有急叩之者，随以一棋子令持去，胎即下。"故事虽荒诞不经，但嗜棋的人一旦入局，即难以自拔，这是可信的。这都反映出两宋时期象棋是十分盛行的。在这个基础上，经过爱好者的不断研习、创新，逐渐丰富了象棋的玩法，至南宋时已有关于棋局的记载了，如《事林广记》中就记载有三十个残局的名称。这无疑是对象棋实践经验的总结。象棋理论书籍的出现，对后世象棋的发展起了推动作用。

宋元文人的围棋雅好

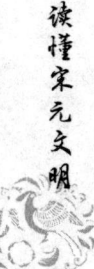

宋元时期的围棋，比唐代有了新发展。在围棋活动更加大众化，以及围棋经验的整理和著述等方面，宋元文人做出了许多贡献。

宋元两朝的文人名士大多喜好下围棋。

北宋文学家欧阳修，自号六一居士。朋友问他："为什么号六一呢？"欧阳修说："我家藏书一万卷，集录三代以来金石遗文一千卷，有琴一张，有棋一局，而常置酒一壶。"朋友说："这是五一。"欧阳修说："加上我这一老翁，不正是六一吗！"六一之中有棋一局，表明欧阳修对围棋的喜爱。《潜确类书》记载，一次，欧阳修与客人下棋，浮山高僧法远来访。欧阳修请法远以围棋为例，论讲佛法。高僧用隐语说了许多，如"肥边易得，腴肚难求""敌手知音，当机不让""从来十九路，迷悟几多人"等，欧阳修细细琢磨，深表佩服。

王安石的棋瘾也很大，但由于公事繁忙，爱下快棋，有"随手疾应"的习惯。北宋僧惠洪《冷斋夜话》记载，王安石老年闲居江宁时，常与薛昂对弈。一次两人议定输者罚作梅花诗一首。第一局王安石输了，即吟诗云：

> 华发寻春始见梅，一枝临路雪倍堆。
> 凤城南陌他年忆，香杳难随驿使来。

第二局薛昂输，却作不出诗，由王安石代作一首。其诗云：

> 野水荒山寂寞滨，芳条弄色最关春。
> 欲将明艳凌霜雪，未怕青腰玉女嗔。

后来有人作诗嘲讽薛昂道：

> 好笑当年薛乞儿，荆公座上赌新诗。
> 而今又向江东去，奉劝先生莫下棋。

黄庭坚也着迷围棋，他曾写信给侄儿说："时光宝贵，应该以三分之一的时间处理公事，以三分之一的时间去读书，以三分之一的时间去下棋饮酒，这样安排可谓是一寸光阴不虚度，满盘输赢是闲时。"

南宋大诗人陆游也是位围棋爱好者，常与朋友在一起弈棋、吟诗和喝酒。他的诗篇中咏围棋者甚多。天刚亮，棋客就来了，"时拂楸枰约客

棋"；棋下到黄昏，"暮窗留客算残棋"；读书累了，以围棋调剂精神，"对弈两奁飞黑白，雠书千卷杂朱黄"；吃酒要下棋，"扫空百局无棋敌，倒尽千钟是酒仙"；喝茶要下棋，"茶炉烟起知高兴，棋子声疏识苦心"。陆游可谓宋代文人中酷好围棋的代表。

南宋时，临安市民中弈棋极为普遍，并出现不少围棋高手。南宋著名的理学家陆九渊少年时，经常到临安街市上的棋摊看棋，向民间棋手请教，后来连胜当时临安第一棋手。

围棋在元代文人中仍然盛行不衰。关汉卿不仅是伟大的剧作家，也是个围棋迷，他在《不伏老》散曲中自我表白说："我也会围棋，会蹴鞠，会打围，会插科，会歌舞，会吹弹，会咽作，会吟诗，会双陆。你便是落了我牙，歪了我嘴，瘸了我腿，折了我手，天赐与我这般儿歹症候，尚兀自不肯休！"寥寥数语，把关汉卿对围棋等的嗜好，写得淋漓尽致。无独有偶，元杂剧《百花亭》中的王焕，也矜夸自己的种种技艺："围棋递相，打马投壶，撇兰撅竹，写字吟诗，蹴鞠打诨，作画分茶……"可见元代文人的习尚中，围棋是当时最为风行的技艺之一。

宋元两代是中国围棋著作大量出现的时代，这与当时文人学者的努力分不开。据史书记载，宋元时的棋书有二十余种，然而，流传至今的棋书仅有《棋经十三篇》《忘忧清乐集》《玄玄集》等七种。《棋经十三篇》是北宋张靖撰写的围棋理论著作。《忘忧清乐集》是南宋李逸民编，书名出自宋徽宗御制诗"忘忧清乐在枰棋"语，是现存唯一的宋本棋谱。《玄玄集》成书于元朝至正年间，严德甫、晏天章辑。书中收有378个棋势图，反映了六百多年前我国的棋艺，影响深远，而且颇受日本棋界的重视。

深受重视的军事武艺

宋朝面临着辽、西夏、金等政权入侵，国内农民起义不断，宋代统治者除采用一些防范措施和扩大军队编制，特别重视军队的武艺训练，并有一系列的规章制度或训练标准。如《枫窗小牍》记载，宋神宗熙宁元年（1068），"诏颁河北诸军教阅法：凡弓分三等，九斗为第一，八斗为第二，七斗为第三。弩分三等，二石七斗为第一，二石四斗为第二，二石一斗为第三"。

宋孝宗时规定："弓箭手以六十步，每人射八箭，要及五分亲。"（《皇宋中兴两朝圣制》卷五三）宋光宗时也有"殿、步司诸军弓箭手，带甲六十部射，一石二斗力，箭十二，六箭中垛为本等。弩手带甲，百步射四石力，箭十二，五箭中为本等"（《宋史·兵志九》）的规定。这是对当时主要兵器弓弩的训练标准，此外对枪、刀等的训练也有定规。据《韩魏公集》卷一一载，宋仁宗时，韩琦以"马枪止试左右盘弄，而不较所刺中否，皆非实艺"，规定"凡马上使枪，左右十刺得五中木人，为及第"。《宋史·兵志九》记载，庆历六年，诏"枪刀手胜三人者，立为

武艺出众格"。元丰元年（1078）十月，诏立在京校试诸军技艺格中曰："枪刀并标排手角胜负，计所胜第赏。"高宗建炎元年（1127）所颁枢密院教阅法中规定，习刀者须使"刀长丈二尺以上，毡皮裹之，引斗五十二次，不令刀头至地"。元丰元年，在宋神宗钦定的考核士卒武艺的标准《元丰格法》中，对步射、马射、弩射等应得到的等级均有详细规定。

完备的训练制度和特定的社会环境使两宋产生了不少武艺高强的名将。如威震金兵的名将岳飞、韩世忠，都能力挽三百宋斤。《宋史·岳飞传》记载，岳飞与金人"战于太行山，擒金将拓跋耶乌。居数日，复遇敌，飞单骑持丈八铁枪，刺杀黑风大王，敌众败走"。强将手下无弱兵，在岳飞麾下，武艺高强之士辈出，他们活跃于抗金前线，使金兵闻风丧胆，以致使其主帅发出了"撼山易，撼岳家军难"的感叹。李全"以弓马趫捷，能运铁枪，时号'李铁枪'"（《宋史·李全传》）。王禀"马上运大刀，经造房营中，左右转战，得虏级百十，方徐引归，率以为常"（《挥麈录》卷二）。

由于统治者重视军队武艺，体育训练在军中蔚然成风。除常规的箭弩、枪刀等兵器的训练外，其他诸如舞剑、相扑、棍棒等术也是军中体育的活动内容，《东京梦华录》中就详细记载北宋军队在京城进行武艺表演的情况，"有花妆轻健军士百余，前列旗帜，各执雉尾、蛮牌、木刀，初成行列。拜舞互变开门夺桥等阵，然后列成偃月阵。乐部复动蛮牌令，数内两人出阵对舞，如击刺之状，一人作奋击之势，一人作僵仆。出场凡五七对，或以枪对牌，剑对牌之类"，"或执刀斧，或执杵棒之类，作脚步蘸立，为驱捉视听之状"，或"执真刀，互相格斗击刺，作破面剖心之势"，或"百余人……各执木棹刀一口，成行列……两两出阵格斗，作夺刀击刺之态百端讫，一人弃刀在地，就地掷身，背着地有声"，或"有马上抱红绣之球，系以红锦索，掷于地上，数骑追逐射之"，或"以柳枝插于地，数骑以划子箭，或弓或弩射之"，"或横身鞍上，或轮弄利刃，或重物大刀双刀百端讫"，或"分两阵，两两出阵，左右使马直背射弓，使番枪或草棒，交马野战，呈骁骑讫"（《驾登宝津楼诸军呈百戏》）。由于这是专门为皇帝表演的，自然集军中武艺之精华。"运动员"也多选自军中的武艺佼佼者，其实也是当时的专业武艺表演队。如宋太宗时，就曾"选诸军勇士数百人，教以剑舞，皆能掷剑于空中，跃其身左右承之，见者无不恐惧"。不仅如此，统治者还将此作为炫耀国威的手段。宋太宗时，契丹曾遣使修贡，在招待他们的宴会上，"因出剑士示之，数百人袒裼鼓噪，挥刃而入，跳掷承接，曲尽其妙，契丹使者不敢正视。及其巡城，必令舞剑士前导，各呈其技，北汉人乘城，望之破胆"。此外，宫廷中的职业相扑手"内等子"也多选自军中，他们均由专门机构管理，"军头司每旬休按阅内等子、相扑手、剑棒手格斗"（《东京梦华录·军头司》），至南宋时设的"内等子"还是由"诸军膂力者充应名额"的。这反映出两宋军中的武艺训练是丰富多彩的。特别是三月清明，"诸军排阵作迎敌之势……试弩射弓"（《梦粱录》）；诸军春教时，"禁中教场，呈试武艺，飞枪斫柳，走马舞刀，百艺俱呈"（同上），"大军合教终日，犒赏毕，放教于路，各施呈武艺"（《西湖老人繁胜录·春教》），更是宋军武艺活动的黄金时节，体现着两宋时代军队体育活动的繁盛景象。

养生之风的兴起

受宋代新兴的理学影响，虽然在体育活动的某些项目上与前代比有所落后，但有宋一代思想文化比较活跃，富有开拓精神，在融儒佛道思想于一体、创立理学的过程中，道佛倡导的行气、导引等养生理论和实践也为宋人所继承，并且他们进一步认识到服食金丹的危害逐渐加以摒弃，走向了较为切合生理实际且简便易行的道路。这就是宋代养生新风的兴起。其中，宋代文人对导引养生术的研究与实践对新风的兴起起了不可忽视的作用。

苏轼十分喜爱养生术，有不少关于养生的理论与主张，并在实践中总结出一套简易的导引法。早在青年时期，他通过对那些王公贵人不经风雨霜露寒暑之变却长年多病，那些农夫小民一年到头虽经风雨寒暑之变反而身体健壮、很少有病的观察，得出"是故善养身者，使之能逸而能劳，步趋动作，使其四体狃于寒暑之变，然后可以刚健强力，涉险而不伤"，亦即"生命在于运动"的正确主张。苏轼一生有不少养生著述，如《问养生》《续养生论》《上张安道养生诀论》《养生颂》《养生偈》等。虽然内中也不乏佛道思想，但值得肯定的是他不主张服食金丹大药，而采用简便易行的吐纳导引术。他在《上张安道养生诀论》中就说，他"近来颇留意养生"，搜集了百余种养生方法，"择其简而易行者，间或为之"，其方法有叩齿、吐纳、按摩、梳头等，他认为这些方法有助于健身，而且"比之服药，其力百倍"，以至于有"今此法特奇妙，乃知神仙不死非虚妄"的夸张。在苏轼的养生思想里，最可贵的是他那比较豁达的精神风貌。

欧阳修也注意养生，并对养生有比较正确的认识。他在《删正黄庭经序》中指出："后世贪生之徒，为求养生者，无所不至，至茹草木及日月之精光。又有以谓此外物不足恃，而反求诸内者。于是息虑、绝欲、炼精气、勤吐纳，专于内守，以养其神。其术虽本于贪生，及其至也，尚或可以全形而却疾。"他对练吐纳、食丹药的贪生之举嗤之以鼻，但对导引养生的健身作用持肯定态度。他的养生观就是顺其自然，"以自然之道，养自然之生"。

理学家倡导的"静坐"，其目的虽在于养成"居敬"的功夫，但其手段也是导引之法，客观上对养生颇有好处。如朱熹，爱好"静坐"，他在《导引》一诗中曾说："居心无物转虚明……九转工夫早晚成。"在《调息箴》中更明确说："调息亦然，人心不定者，其鼻息之嘘气常长，吸气常短，故须有以调之。"（《宋元学案》）显然在静坐中获益匪浅。作为一种受统治者青睐的思想，静坐应在宋代为不少人所奉行，而宋代文人中就更多了。由此也可见养生在宋代的流行程度。

正是在养生理论和实践新风的影响下，宋代出现了一些简便易行的"健身操"，有的甚至流传至今。宋代道士蒲虔贯的"小劳术"及宋代流行的"八段锦"最具代表性。

"小劳术"是蒲虔贯根据前人导引术改编的一套健身法，他在《保生

第九章　社会风貌——宋元时期的民风民俗

要录·调肢体》中说:"养生之人,欲血脉常行如水之流。坐不欲至倦,行不欲至劳,频行不已,然宜稍缓,即是小劳之术也。"

流传至今的"八段锦",最早出现于宋代。宋人晁公武编的《郡斋读书志》云:"《八段锦》,不题撰人,吐故纳新之术也。"是一种融行气于体操的健身法。此法有文武两种。文八段锦采取坐式,明代高濂称之为"八段锦坐功"。武八段锦是立式,亦即现仍流行的八段锦。

任何一种文化现象,一般说来它的简便程度及其作用大小,往往决定着它的流传程度和范围以及生命力。八段锦作为古代养生手段流传千年而不衰,就是最好的证明。正是在这个意义上,我们说宋代开启了养生领域的新风气。

宋代舞蹈艺术的活跃

两宋时期,逢年过节,有组织的、自娱兼表演的舞蹈活动十分活跃,许多不再被宫廷长期供奉、必须自谋生路的专业歌舞艺人与农村优秀舞人乐伎一起涌向城市,形成一支为城镇百姓表演的专业队伍。他们组成班社,开辟固定的表演场地,在艺术创造和表演上展开竞争、争夺观众,这一切为舞蹈艺术向商品化和剧场化过渡准备了条件,并促进了舞蹈技艺的不断提高。

宋代民间欢度节日，以歌舞为主，"舞队"是指包括武术、杂技、说唱等的游行表演，当时称之为"社火"，也有人认为社火来自祭社乐舞习俗。民间"舞队"的活动规模十分可观，名目也很丰富，每年腊月下旬开始，就陆续有舞队出动，到正月初一后，日渐增多，到元宵节达到高潮。

"舞队"表演技艺的名目，《东京梦华录》《梦粱录》《西湖老人繁胜录》《都城纪胜》均有记载，《武林旧事·舞队》所记更为详尽。舞蹈性的节目有《大小全棚傀儡》《快活三郎》《瞎判官》《细旦》《夹棒》《男女竹马》《男女杵歌》《大小斫刀鲍老》《交衮鲍老》《诸国献宝》《穿心国入贡》《孙武子教女兵》《六国朝》《四国朝》《遏云社》《绯绿社》《胡女》《凤阮稽琴》《扑蝴蝶》《回阳丹》《大乐》《瓦盆鼓》《焦锤架儿》《乔三教》《乔迎酒》《乔亲事》《乔乐神》《乔捉蛇》《乔学堂》《乔宅眷》《乔像生》《乔师娘》《独自乔》《地仙》《旱划船》《教象》《装志》《村田乐》《鼓板》《踏跷》《扑旗》《抱锣装鬼》《狮豹》《蛮牌》《十斋郎》《耍和尚》《刘衮》《货郎》《打娇惜》等。由此可以窥见当时舞队的表演形式与内容之丰富多彩。从这些名目中还可以得知，纯粹的舞蹈表演节目并不多，大多是杂技、歌舞、舞蹈化的武术和体育表演，也有许多是以舞蹈动态语言为主的戏剧性小品，诸如《孙武子教女兵》以及许多的"乔某某"。"乔"在这里可以理解为"乔妆"、模仿和扮演，可见此时的舞蹈艺术正向情节、人物性格化靠拢，向戏曲发展的总趋势。

从上述"节目单"中，我们可将宋代"舞队"中舞蹈性较强的作品分为以下几类。

1. 表现农耕劳作和生活情趣的舞蹈

《村田乐》，这是一种表现农村劳动生活的民间歌舞，乡土气息浓郁。范成大曾有诗描述临安灯节上表演该舞的情景："村田蓑笠野，街市管弦清。"此舞一直流传到明代。

《讶鼓》，也写作《连鼓》《砑鼓》，是一种以击鼓伴奏为特征的歌舞形式，其间常穿插装扮各种人物表演的情节性舞蹈小品，类似今天秧歌中的小场子，元宵节表演《讶鼓》的风习，由宋至元明清，一直流传不衰。

《十斋郎》，也称《舞斋郎》，"斋郎"是唐宋时代掌管太庙或郊社祭祀仪式的一般官员，本应讲求仪表端正无疾，但在宋代这一官位可以用钱捐买，称职者不多，人们便用舞蹈予以讽刺。《十斋郎》即以风趣怪异的形态，刻画了那些笨拙无能、滑稽可笑的官员丑陋形象，编入民间舞队表演。

《鲍老》，或称《舞鲍老》，是民间舞队中的滑稽舞蹈。

2. 装神扮鬼，带有宗教神秘色彩的舞蹈

《装神鬼》，简称《神鬼》，是宋代民间舞队和百戏中的舞蹈。这类舞蹈名目很多，像《抢锣》《舞判》《硬鬼》《歇帐》《七圣刀》《哑杂剧》，主要在每年腊月至次年元宵节的广场舞队中表演。《装神鬼》中的各个节目，几乎都以一声爆仗的鸣响和燃烧的烟火相接，扮着各种怪异鬼神形象的舞者轮番出场表演，《东京梦华录》对这些舞蹈有较详尽的描述。

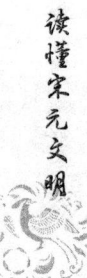

3. 舞蹈化了的武术、技击表演及其他

这类舞蹈虽已融入了更多的武术技艺吸引观众，但就其主要艺术特征来说还是舞蹈。一些比较有名的舞蹈有《斫刀》《舞蛮牌》《抹跑板落》，此外与《斫刀》相类的《舞剑》，在民间舞队中也有表演，《都城纪胜·瓦舍公技》中就有《舞剑》名目。

宋代民间舞蹈与前代相比，有几个鲜明的特点。

第一，表演性舞蹈的一部分，由宫廷走向了民间，从专为皇室贵族服务到兼为广大市民服务。

第二，出现了一些以舞蹈为谋生手段的专业艺人，加快了舞蹈表演艺术剧场化、商品化的进程，促进了舞蹈艺术技巧的提高和丰富。

第三，民间舞蹈活动更为频繁，形式、品类、节目更为多样，更有娱乐性，保存下来的史料和流传下来的节目更多，很多民间舞作为汉族民间舞蹈的主体，一直活跃于明清、近现代，盛传不衰。

第四，民间舞蹈的题材扩大了，内容更丰富，多角度、多层面地反映生活，融进了许多传说故事，出现了生动鲜明的人物形象，出现向戏剧靠拢、发展的趋势。

宋代的厨娘文化

历史上以烹饪为职业者，大多为男性。《周礼》所述周王室配备的庖厨人员近两千人，但直接从事烹调的女性一个也没有。以男子为主从业厨事，不仅中国古今均如此，而且是世界性通例。不过在唐宋时代，曾出现过较多的女厨，不论在酒肆茶楼，还是在皇宫御厨，都有从业烹调的妇女身影。有幸为皇上烹调的称为"尚食娘子"，为大小官吏当差的则称为"厨娘"。在这种背景下，使用厨娘形成了一股不小的浪潮，这浪潮在京都涌起，甚至影响到了岭南。唐代房千里在岭南做过官，他所写的《投荒杂录》便记述了岭南人争相培养女厨的事。他说，岭南无论贫富之家，教女都不以针线为基本功，却专意培养她们下厨做饭的本领，如果一个女子能做得几盘好菜，那便是一个"大好女子"。有时婚聘时讲的条件，也是以厨事为优，尽管是"裁剪补袄一点儿也不会，可是修治水蛇黄鳝却一条必胜一条"，这样的女子是不愁嫁的。

《问奇类林》说，宋代太师蔡京有"厨婢数百人，庖子十五人"。《清异录》则说，唐代宰相段文昌，家厨由老婢膳祖掌管，老婢训练过上百名婢女，教给她们厨艺，九人学得最精。官僚们的家厨有这么大的规模，饮馔之精，可以想见。从另一方面看，唐宋女厨似乎较受重视，蔡京所用厨婢达数百人之多，这个数字相当惊人。

宋代廖莹中的《江行杂录》，记录了宋时京都厨娘的一些情况，与唐时岭南很有些相似。田氏说，京都中下之户，并不看重生男孩子，生了女孩即爱护如捧璧擎珠。待她们要长大成人的时候，就随其姿质教以不同的本领，其中的一些便被培养成了厨娘。虽然厨娘被认为是"最为下色"，但是只有极富贵之家才能请到她们做饭。

厨娘们的地位虽不高，但她们有绝妙的技艺和超然的风度。

《江行杂录》说，有一告老还乡的太守，想起在京都某官处吃过晚膳，那一日是厨娘调羹，味道特别适口，印象很深，于是也想雇一位厨娘，摆一摆阔气。费了很大劲，他才托人在京师物色到一位厨娘，年近二十，能书会算，颇具姿色。不数日，厨娘即启程前往老太守府中，未及进府，在五里地以外住下，遣一脚夫先给太守递上一封信。信是她亲笔所写，字迹端正，很体面地要求太守发一四抬暖轿接她进府，太守毫不迟疑地照办了。待到将厨娘抬进府中，人们发觉她确实不同于一般庸碌女子，红裙翠裳，举止文雅。太守大喜过望，第二天便请厨娘展露本领。厨娘拿出璀璨耀目的白金餐具，至于刀砧杂品，也很精致。厨娘换上围袄围裙，挥刀切肉，惯熟条理，有运斤成风之势。做出的菜品真个是馨香脆美，清新细腻，食者一扫而光，纷纷赞不绝口。

厨娘的手艺得到来宾交口称赞，太守脸上平添不少光彩。筵宴圆满结束，厨娘还要做一件大事。她对老太守说："今天是试厨，您也非常满意，但照规矩得给我犒赏。"说着还拿出一个单子给太守看。单子上说，每次办宴会，要支赐给厨娘绢帛或至百匹，钱或至三二百千。太守不得已勉强照数支付，但是私下里叹着气说："像我们这样的人财力单薄，这样

第九章 社会风貌——宋元时期的民风民俗

的筵宴不宜经常举行，这样的厨娘也不宜经常聘用。"没过两月，太守便找了个理由将厨娘"善遣以还"。

办一次宴会，要讨一次赏，厨娘的要价还特别高，难怪老太守要感叹自己财力不足，最后不得不将厨娘打发走了事。如此看来，宋代厨娘确实有些了不得。她们究竟是何等模样呢？我们从出土宋代砖刻上可以一睹其风采。国家博物馆收藏的四块厨事画像砖上，描绘了厨娘从事烹调活动的几个侧面。砖刻所绘厨娘的服饰大体相同，都是危髻高耸，裙衫齐整，焕发出一种精明干练的气质，甚至透出一副雍容华贵的神态。她们有的在结发，预示厨事即将开始，有的在斫脍，有的在烹茶，有的在涤器，全神贯注之态跃然眼前。这些画像砖出自宋代墓葬，宋人在墓中葬入厨娘画像砖，表明他们即便生前不曾雇用厨娘，也希求死后能满足这个愿望；或者生前有厨娘烹调，死后也希望依旧有厨娘侍候。看来要想享用美味，还非有厨娘不行。这画像砖可印证《江行杂录》所记的传闻有一定真实性。

扩展阅读　宋代人口破1亿

随着经济的发展，宋代人口数量迅速发展。到大观四年（1110），统计得全国共有20882258户，以每户5口计算，则本年人口当在1亿以上，这个数字约为汉、唐人口统计数的2倍。

由于兵役、劳役的需要，宋朝政府十分重视人口的统计，为后代留下了大量的户口统计资料。在宋代，政府户籍统计不计算女性，只登记男丁，每户人口数量平均为2口。

到高宗末年（1161），北方国土沦陷，而南宋全国户口统计得11364377户，宁宗末年（1224）则增至12670801户，若按每户平均5口计，南宋时人口保持在六千万左右，不过，南宋疆域比北宋缩减了2/5，因此，这一数字也是相当可观的。

第九章 社会风貌——宋元时期的民风民俗